BLACK SWAN 黑天鹅图书

为 人 生 提 供 领 跑 世 界 的 力 量

BLACK SWAN

照着做，你就能带好团队

99%の人がしていない
たった1%のリーダーのコツ

让身边的人成为你的左膀右臂

〔日〕河野英太郎——著
郭勇——译

中国华侨出版社

图书在版编目（CIP）数据

照着做，你就能带好团队 /（日）河野英太郎著；
郭勇译. —北京：中国华侨出版社，2014.4
ISBN 978-7-5113-4553-0

Ⅰ. ①照… Ⅱ. ①河… ②郭… Ⅲ. ①企业管理—组
织管理学 Ⅳ. ①F272.9

中国版本图书馆CIP数据核字（2014）第070697号

照着做，你就能带好团队

著　　者：〔日〕河野英太郎
译　　者：郭　勇
出 版 人：方　鸣
责任编辑：叶　辞
装帧设计：颜森设计
经　　销：新华书店
开　　本：710mm×1000mm　1/16　印张：15　字数：170千字
印　　刷：北京慧美印刷有限公司
版　　次：2014年6月第1版　2015年6月第6次印刷
书　　号：ISBN 978-7-5113-4553-0
定　　价：36.80元

中国华侨出版社　北京市朝阳区静安里26号通成达大厦3层　邮编：100028
法律顾问：陈鹰律师事务所
发 行 部：（010）82068999　传真：（010）82069000
网　　址：www.oveaschin.com
E-mail：oveaschin@sina.com

目 录

CONTENTS

第二章　这么分工作，团队能干好

第三章　怎么评价，队员愿意接受

第四章 遇到麻烦，怎么处理

第五章 怎么带，团队能勇往直前

第七章 好队友是带出来的

第八章 好的领导者，最先做的应该是放松心情

领导者，是能看透变化的趋势，指出组织应该前进的方向，并描绘出美好愿景，激发相关人员的积极性，带领组织朝着描绘出的美好愿景前进的人。

——约翰·科特

本书向带团队找不到方法的人说不！

自序
领导者只是一个角色

何谓领导者？

一提到领导者，现在很多人会抛出“天赋论”，认为要做领导者需要相当高的天赋和能力才行。

但是，我认为这种想法是错误的。

我想提醒朋友们不要误解领导者的概念，**领导者，说到底就是一个团队或组织在开展工作中的一个“角色”，领导者并没有什么了不起，也不具有高于他人的价值。**

如果你认为“身为领导者，我必须得具备威信，才能服众”的话，那么这种思想必然会表现在行动中。

用命令的口吻对部下讲话，像对待孩子一样对待部下，同时认为自己必须在任何方面都比部下强，结果，无形中就给自己施加了很大的压力，造成了不必要的烦恼……

当我回顾自己的职业经历时也发现，我第一次当上领导者的时候，也认为“自己应该在各个方面都比部下强”，结果这种想法压得我喘不过气来。

在实际工作中，有时分配到我团队中的，全都是比我工作经验更加丰富的成员；有时分配给我的团队成员横跨多个领域，而且个个都是“领域内的专家”。而我作为团队领导者，领导过各种各样的团队，从领导实践中我发现，作为领导者，人性的成熟度和专业领域内的优势并不是必需的。

我领导过的团队中，曾经有比我大15岁的成员。在工作之余，我甚至把他当作父辈看待，还和他讨论过“为父之道”。团队中还曾有过公司内顶尖的技术人员，虽然在工作上我是他的领导，但我对他在专业领域的意见绝对满怀敬意，还经常向他征求意见。

领导者，说到底就是一个“角色”。

换句话说，一个领导者，有必要磨炼作为领导者的技巧，但绝对没有必要在所有领域都比团队成员强。

想做一个好的领导者，最先做的就应该是放松心情。

团队领导者与经理的区别

据说，最近“不想当团队领导者”的人越来越多。

他们不想当领导者的理由大多是“管理事务越来越多，工作没什么意思了”“自由时间减少了，肉体上、精神上的负担都增加了”“本来我就不是能高人一等的类型”……

研究领导力的权威人物——哈佛大学的约翰·科特（John P. Kotter）曾经指出，领导能力和管理能力原本就不是一回事。团队领导者和经理，不管在职责上，还是在培养方法上，都存在很大的不同。顺便说一句，约翰·科特对领导者和经理下了如下定义。

领导者：看透变化的趋势，指出组织应该前进的方向，并描绘出美好愿景，激发相关人员的积极性，带领组织朝着描绘出的美好愿景前进的人。

经理：按照既定目标对组织进行管理，带领组织实现目标的人。

对于科特的定义我进行了整理，并加入了自己的理解，于是便有了我的定义：“领导者应该以性善说为基础，激发人的干劲儿”，“经理应该以性恶说为基础，对人进行管理”。

这样一来，我们就能看出，本节开头中很多人“不想当团队领导者”的理由中，大部分都是经理该做的事。

在现实的商务工作中，很多情况下会要求一个人同时具备领导者和经理双方面的能力，所以，他们容易把不想当经理的理由误认为是不想当领导者的原因。

在领导者和经理这两个似是而非的角色、两种貌同实异的能力中，本书着眼于领导者（领导力），为读者朋友们介绍扮演好领导者这一角色，充分发挥出领导力所应掌握的技巧。

任何人都能成为领导者

领导者到底应该具备什么样的能力？

根据前面介绍的领导力专家约翰·科特的理论，领导者应该具备“描绘愿景”“掌握人心”“激发团队成员的积极性”的能力。可是，这么说的话……

貌似很难的样子……

先不要产生畏难情绪，您不妨这样想：

您决定“今晚全家人一起外出用餐，就吃高级寿司吧”（**描绘**

愿景）。接下来，首先安排合适的时间，一一跟孩子们商量，看他们什么时间方便（**掌握人心**）。然后，去和夫人商量，这可能是难度最大的一关。此时可以用“我们马上要发奖金了”“孩子们都嚷着要吃寿司呢”“现在正是金枪鱼上市的季节，金枪鱼生鱼片一定很肥美”等理由来说服夫人（**激发团队成员的积极性**）。

如果您说服成功，圆满地组织了一次家庭聚餐的话，就说明这次您发挥了了不起的领导才能。

可是，也许很多朋友会有疑问，如果领导力仅此而已的话，那“我们每天都在发挥领导力啊！”（言外之意就是领导力并不难，任何人随时随地都能发挥！）

没错！

所有领导者都应该具备的领导力，其实并不是什么特殊的、了不起的能力。

当成功的领导者还有“技巧”？！

虽然“领导力没什么特殊的、了不起的”，但如何才能掌握这种能力呢？

当然，领导力也和其他各种知识、技能一样，需要通过学习和实践来掌握。

而且，发挥领导力的时候，还存在一些“小技巧”。

在实践阶段，这些“小窍门”是非常有效的。

被很多人看作神秘的、高不可攀的领导力，若我们将其分解开来的话，您就会发现，其中很多不过是门槛很低的“小技巧”而已。反过来说，只要掌握了这些“小技巧”，您就能成为一个成功的领导者。

本书将分8章为读者朋友们介绍这些“窍门”。

其实，这些窍门您读过之后会发现其中很多都是“理所当然”的事情。但是，有商务实践经验的人肯定也会注意到，虽然都是“理所当然”的事情，但能够将其全部付诸实践的人却少之又少。

不管什么样的技巧，只有付诸实践才具有意义。

而我所说的实践，并不需要刻苦的训练，也不需要特殊的才能。需要的只有两点：

“心无旁骛的态度”和“持之以恒的毅力”。

本书所介绍的领导技巧，好比体育运动中的“基本技术要领”和武术中的“型”。如果“基本技术要领”或“型”没有练好的话，是绝没有可能成为一流运动员或武术家的。

我这样一说，可能又有朋友会联想到艰苦的基本功训练，但掌握领导技巧并不需要专门的基础训练。**只要心无旁骛地反复实**

践这些技巧，我认为就能完全掌握领导力的“基本技术要领”和“型”。

领导力，并不需要把它当作一种多么“高端大气上档次”的特殊能力，只要您在每天的日常工作中有意识地实践本书介绍的技巧，有一天，您也会具有非凡的领导力。我认为，这是成为一名出色领导者的捷径。

而且，当时机成熟之后，您还可以根据自己的风格对这些技巧加以发展和改造。

河野英太郎

2013年5月

第一章

选择能成为左膀右臂的队友

“来自不同行业的成员组合”“不同专业领域的人才团体”“兴趣爱好、习惯、宗教观不同的人”，因为不同，才会带来新的思维方式和观念，这就为一个团队提供了更多的选项。

一个球队中不能全是顶尖球员

大部分工作，都是从组建一个团队开始的。如果您是一个团队的领导者，那么您多半想组建一支“梦之队”，对不对？

这种心情，我非常理解。因为您可能想，团队成员的工作经验越丰富、技术越娴熟，最终整个团队做出好成果的概率越高。但是，有一点必须引起团队领导的高度重视，那就是：

团队的结构，必须保持平衡。

我们以棒球队为例。一个棒球队中，一般4号击球手是最强的，技术水平和稳定性都是一流的。但是，如果一个棒球队中所有队员都具备当4号击球手的水平，都是顶尖选手的话，那结果会怎样呢？

有句俗话叫作：“一山难容二虎。”同样，**如果一个球队中都**

是顶尖选手的话，那么这个球队可能不会取得好成绩。

其实，只要稍加思考我们就能明白，越是经验丰富、成绩突出的人，越喜欢按照自己的方法去做事。另外，这样的人才，一般个人表现欲都比较强，喜欢周围的人都围着自己转，而要让他们去为别人提供支援或打下手的话，他们就不愿意了。

由此可见，全部由顶尖人才组成的团队，一开始就会陷入意见纷争的困局，谁都不想妥协。结果，不但不能形成统一意见，成员之间还会彼此抱着强烈的不满开展工作。那样的话，何谈分工协作呢？

所以，作为团队领导者，在组织一个团队的时候，需要有看透每个成员特质的能力。团队中需要有“在前面带领大家奋勇前进的人”“时刻都能冷静地审视团队整体的人”“在专业领域有突出贡献的人”“能为别人提供服务的人”等。

也许您曾经听某位领导者说过：“全部都招集顶尖人才的话，我们公司可没有那么多钱。”其实，这句话的含义并不是感慨“优秀人才难找”，而是一句非常聪明的话。潜台词就是“我们更希望组建一个成员之间能够保持平衡的团队，通过分工协作，共同来完成工作”。

带团队小贴士：

优秀的团队也不用每个人都是顶尖队员。

不做“领导者独大”的团队

之所以要结成团队来完成工作，原因就是“一个人无法完成的大项目，需要众人合作完成”“一个人不具备的能力，需要别人来弥补”。

但是在现实中，当自己身为领导者组织、运营一个团队的时候，经常会把自己当作“上司”来思考问题、采取行动。换句话说，**就是因为责任感太强，而认为自己必须得在所有领域都居于人上，并站在“上位者”的角度选择团队成员，对他们发号施令。**

可是，当带领一个团队朝着目标前进的时候，这样做反而会起到反作用。

团队，就是为了众人合力完成一项大工作，或成员之间相互弥补各自能力的缺陷而结成的。所以，团队成员的能力比自己高不是可以更好地弥补自己的不足吗？

而且，团队领导者在与成员交流的时候，还要有充分的敬意，这是一个专业的领导者必须做到的。这里所说的交流，**不是“命令和指示”，而是以“期待和请求”为基础的平等沟通**。也就是说，领导者不能用俯视的视角看待成员，而是要摆出谦虚的姿态向成员请教。

但是说心里话，领导者要做到这一点还是需要相当大的勇气的。有人会担心，如果我表现得很谦卑，那么团队成员也许会认为我没有能力、缺乏威信，从而导致人心离散……

但我要说的是：一个领导者如果在所有领域中都强调自己的“上级地位”，那么结果只能是难以完成预定的目标，反倒是这样更容易造成人心离散吧。说到底，领导者的工作就是为团队成员提供一个更好地发挥他们才能的环境。

带团队小贴士：

领导者要做的就是为队员提供能更好地发挥才能的环境。

生活于19世纪、20世纪的美国“钢铁大王”安德鲁·卡内基，有一句非常有名的墓志铭：“长眠于这里的人物，身边总是聚集着一群比他更优秀的人物。”

作为团队的领导者，当您感到困惑的时候，不妨想一想卡内基的墓志铭。

团队中要有持异见者

团队中出现不同意见的时候，就要进行“讨论”。

那么，讨论的原因和目的是什么呢？

讨论，是为了创造新价值而进行的。

一个团队由多名成员组成，当有人提出一个意见之后，我们希望听到反对的意见或者不同的意见。如果把前者比作“正”，后者比作“反”的话，那么，将“正”“反”进行比较，探寻让两者都满意的一个“结论”，这个过程就是“讨论”。经过充分讨论而得出的结论，一定是吸收了“正”“反”两方面意见中的优点，排除了其中的缺点，进而得到更高层次的意见。

结成团队共同工作的意义就在于此。

当一个团队分工协作开展工作的时候，如果有成员对此前达成共识的结论又提出新意见的话，那么，更高层次的讨论就要展开了。

由此一来，**团队又可以创造出新价值**。而创造这一新价值的起点，就是团队成员提出的“反对意见”或“不同意见”。

要想让一个团队中经常展开创造新价值的讨论，那么，就需要持有不同意见的成员。

一个能够经常带领团队创造新价值的领导者，应该善于采纳不同意见，也善于接受持异见者，并对他们进行准确的评价。

带团队小贴士：

队员有不同的意见能为团队创造新价值。

善待团队成员性格上的差异

英国学者彼得·哈尼和阿兰·玛姆福德根据人对外界的刺激所做出的反应以及产生的联想，将人的学习模式分为四种类型。

比如，面对新iPad上市这则消息，不同的人会有不同的反应。

【行动派（Activist）】“哎呀，新iPad上市啦！我得赶快买一个，绝不能落后于人。”（这样的人富有创意，并会立刻付诸行动，但缺点是容易厌倦，喜新厌旧。）

【发射派（Reflector）】“周围的人都开始用新iPad啦，我也买一台吧。”（这样的人会慎重地观察周围的状况然后再做决定，不过，有的时候难以下定决心。）

【理论派（Theorist）】“iPad？新技术？价格多少？”

（这样的人会观察情况并用理论加以分析。他们非常理性但想象力不是很丰富。）

【实用派（Pragmatist）】“iPad？用它有什么好处？”（这样的人经常分析一个事物能给自己带来什么好处。如果有好的结果，他们会果断实行，但他们不善于开放式的讨论，也不善于深思熟虑。）

请各位朋友留心观察一下自己周围的人，也会发现“啊！他是行动派。她原来是理论派……”

以前，我曾和自己的团队成员相互分析过各自所属的类型。结果，每个人对人对事的态度，充分体现了本人的个性，也能看出彼此之间存在着很大的差异。

在组建一个团队的时候，团队领导者要充分理解并接受成员之间的个性差异，并且，要在此基础上构建一个成员个性能够达成平衡、对实现目标最为有利的团队。

带团队小贴士：

队员有个性差异有利于团队思维的平衡，更好地实现目标。

我个人身上的行动派、实用派倾向比较强，所以，当我作为领导者组建团队的时候，一定会找一些反射派、理论派的成员加入团队，以便弥补、牵制我的个性。

当我以行动派的率性身先士卒、勇往直前的时候，希望有成员能够提醒我一句：“稍微慢一点儿，一步一步走踏实。”而对于我不善于深思熟虑的缺点，也希望有成员能够帮我做缜密的思考。

相互弥补彼此的缺点，这也是结成团队共同工作的好处之一。

注意团队成员的多样性

关于团队成员的构成，还有一点需要领导者注意。

那就是在“性别”“所处人生阶段”“工作经历”“专业”“兴趣”“出生地”等方面，团队成员应该具有多样性。

说句题外话，“diversity”这个词的意思是多样化，是指人有权在种族、民族、宗教等方面保持多样性。但在以前，人们对这个词曾有误解，那时人们消极地认为“diversity”是指“不能差别对待少数派”。

在这里，我所说的团队成员多样性，是指更加积极地招收背景多样化的成员加入到团队当中来。如果能实现这一点，每个团队成员所具有的能力才能最大限度地被激发出来。将不同的见解和能力综合起来，才能提高团队的附加价值。

“来自不同行业的成员组合”“不同专业领域的人才团

体”“兴趣爱好、习惯、宗教观不同的人”，因为不同，才会带来新的思维方式和观念，这就为一个团队提供了更多的选项。

比如，团队中某位成员曾经当过运动员，他就经常以大家耳熟能详的体育运动为例生动地讲解工作中的技巧。这就是一个非常典型的成员多样性所带来的好处的例子。全新的刺激能够开阔团队成员的视野和思路，促进成员在职业道路上的进步。

团队成员“所处人生阶段”和“工作经历”的多样化也很重要。

比如，团队中有成员的孩子刚好上小学，或者家里有卧病在床的老人需要照顾，那么，其他成员就要努力分担他的工作，每天给他留出接送孩子上下学的时间，或者帮他申请休假回家照顾老人。团队成员之间这种相互关照的体验，是一笔宝贵的财富，对于提高一个团队的凝聚力非常有帮助。而且，尚未经历养育孩子或照顾老人的成员，可以从前辈那里学到相关知识，这对他们的人生也大有裨益。

如果您现在招募团队成员，还拘泥于“仅限男性”“应届毕业生免谈”“临时工免谈”“具有日本国籍”“懂日语”等条件的话，那么说实话，我可不看好您团队的战斗力。

带团队小贴士：

性别、经历、专业、兴趣等方面的多样性也能提高团队的战斗力。

团队中要有一个能够推心置腹的人

我在组建团队时特别注意的一点就是，成员中要有一个能够推心置腹的人。

这个人，在当前并不一定非要具备很强的能力。但是，这个人必须能够理解我这个领导者的心思，值得我信赖，而且口风很严。

团队中有这样一个人的好处是，当我想了解各种情况的时候，他可以给我一些客观的意见（其实，并不一定需要他提出什么建设性的意见，只要能说出他的真实感想就足够了）。

作为领导者，我找这个人商量的事情，基本上全是有关领导方面的烦恼，比如“刚才我对A君做指示的方式，作为旁观者，你有什么看法？”或者“B君那么说，有什么深层的含义吗？”……

对于我提出的问题，他的回答可能是："你刚才的说话方式可能有些不妥，A君现在也许正赌气呢，这样对开展工作极为不利。"或者"实际上，最近B君和C君的工作衔接出现了一些问题。"这些信息对我来说非常重要，我可以据此及时调整自己和A君、B君的沟通方式。

根据我个人的经验，与自己同期的人，或者是年龄较自己大、经历比自己丰富的前辈，在团队中容易构筑推心置腹的关系。

但另一方面，即使比自己年轻、阅历尚浅的人，只要他在工作中曾经有过做出重大决定的经验，或者有相应的想象力的人，也可以成为领导者推心置腹的对象。这样的人可能具备将来领导团队的素养（作为自己的后继者候选人），所以，作为领导者，我们应该有意识地将他们朝这个方向培养。

如果团队中有一个能够推心置腹的人，则领导者能够尽早在团队中确立自己的威信和领导地位。另外，有这样一个人在一旁出谋划策、监督辅佐，还能防止领导者自我感觉良好，以及独断专行。还有利于后继者的培养。

带团队小贴士：

有一个在身边出谋划策、监督辅佐的人，能防止独断转行。

“好好先生”需要提防

随着职业经历的增长，您是否遇到过如下的情况呢？

“不知怎么的，最近奉承我的人多了起来。”“最近大家都愿意来找我商量问题，不管我给出什么意见，他们都会非常感谢我。”

遇到类似的情况，您就该注意了。

这是因为您所处的位置带给您的权限，让周围人心存敬畏的缘故。

别人来找您聊天，如果仅是一般的寒暄客套那没什么问题，但如果其中夹杂着刻意的赞美奉承，那可要引起高度警惕了。**特别是您的意见在任何情况下都会轻松通过的时候，说明问题已经发展到了很深刻的程度。自己不成熟的判断、尚需探讨的结论、错误的决**

定等如果都能顺利得到众人的赞成，那就要出大事了。

但关键的问题是，当您处于这种状态当中时，自己会感觉非常好，如果有人站出来提反对意见，您反倒会讨厌、疏远这种人。

如果事态已经发展到了这种程度，那么说明您身边聚集的人，不管男女都是“好好先生”（Yes man）。

在您的面前，“好好先生”们会与您采取同一步调，可是当您不在的时候，他们又会和其他有权威的人保持同一步调。

而且，“好好先生”们和您并没有共同的愿景或目标，对于您的判断和指示，也只是阳奉阴违。他们对工作没有认真的态度，一旦您遇到困难，他们就会毫不留情地离您而去。

不过，制造出“好好先生”，并把他们聚集在自己身边的原因，100%在自己身上。

请您审视一下自己，如果您也遇到了如下几点中的情况，那就该好好检讨自己了。

带团队小贴士：

您的意见在任何情况下都能顺利通过，说明问题已经很大了。

· 团队内部会议上，发言的总是那几个人；

· 团队内的聚餐，总是那几个人参加；

· 团队成员不会对自己提出反对意见。

怎么样？

适当地进行洗牌

这一章的主题是“如何选择团队成员”，可是，相信不少朋友作为团队的领导者已经有了自己的团队，而且正带领团队朝着目标奋勇前进着。

其实，即使在这种情况下，团队的领导者也应该考虑适当地调整团队成员的结构。虽然给团队减少成员、增加成员、更换成员，都可能引发暂时的不和谐，但尽管如此，领导者的头脑中也要经常考虑为团队洗牌的事情。

长时间和固定的成员结成团队工作，成员之间比较有默契，工作起来会比较顺利，但另一方面，**工作也容易出现公式化、程序化的危险，成员之间也容易形成负面含义的一个鼻孔出气的状态。**

固定的成员长期在一起工作，由于缺乏新的刺激，成员追求在狭小范围内的局部最高效率，以及使用外人不得而知的秘密方法工作，就使创新想法诞生的机会减少了很多。另外，这样的团队对于新竞争对手的出现等变化也难以应付，甚至都难以觉察到变化的出现。这样的团队我们可以期待它创造出什么新的价值吗？

对于一个团队领导者来说，经常给团队注入新鲜的血液，有意识地给组织带来新的刺激是非常重要的。

因《知识创造企业》（*The Knowledge-Creating Company*）一书而出名的野中郁次郎曾说，要有意识地为组织制造“起伏”，才能给组织带来活力。我认为，给团队“换血”也是一种“起伏”。

为团队更换新成员之后，在带来新刺激的同时，也会让团队在短时间内出现工作不顺畅的情况。但是，这是前进道路上必要的磨合。

所以，作为一名领导者，应该有意识地为团队更换成员。

假设您领导着一个团队已经长期稳定地工作了很长时间，即使其中有成员已经成为您的左膀右臂，也许您在工作中已经离不开他，但也请定期地安排他出差或旅行，暂时离开这个团队一段时间。这样做，不管对团队来说，还是对那个成员来说，都是很好的成长机会。

那个成员离开期间，他会有新的经历，而团队也要去适应没有他的工作状态。等他再次回归的时候，也许会给团队带来新的刺激、碰撞出新的火花，这便是创造新价值的起点。

带团队小贴士：

无论怎么行动，领导者心里都要明白，给团队注入新鲜血液是很重要的。

让好队员打心底里“想加入团队”

一个团队领导者，面对一个有能力的人肯定想过：“无论如何我都想让这个人加入我们的团队。”

如果领导者拥有人事权的时候，产生这种想法的倾向就更强。

但是，不管领导者的愿望多么强烈，也不能不考虑对方的想法，以“业务命令”的形式强制其加入自己的团队。

对方很可能有各种各样的理由“不想做这个项目”。如果团队领导者无视对方的想法，强行将其拉入自己的团队，那么不管对这个人还是对团队来说，都不是一个好的选择，很可能造成不幸的结果。

即使在对方看来，这个工作并没有达到“我不喜欢做”的程度，但只要他想到“做这个工作，并不是出于我的本意，而是被领导要求的”，哪怕这个想法只有一瞬间，也会使他的工作积极性大打折扣。在工作中，他不仅缺乏自主性，遇到问题时也容易出现转嫁责任的倾向。（反过来说，如果有经验不足的生手强烈要求：“我要加入团队！”这时，到底要不要吸收他进团队，也是一个非常复杂的问题，可能要根据现实情况进行综合、具体的分析。）

遇到这种情况的时候，团队领导者所要发挥的能力，就是让“无论如何都想把他拉进团队的人”自己打心底里“想加入这个团队”。

这时，领导者应该客观地向对方阐明接受这个工作（或不接受）的好处和风险，并将自己“希望对方加入”的强烈愿望表达出来。

为了让对方心甘情愿地接受这个工作，领导者甚至应该动用正式的、非正式的各种关系网络，为说服对方做好充分的准备。

最后，一定不要忘记一句：“最终还是由你自己来决定。不管结果怎么样，都不会影响我对你人品和能力的赞赏。”

实际上，越是工作能力强、业绩优异的人，当他感到“我是被需要的，而且我的感受也受到别人的重视和尊重”的时候，他就越容易接受别人的请求。

带团队小贴士：

被动的想法哪怕只有一瞬间，也会使工作积极性大打折扣。

第二章

这么分工作，团队能干好

“我希望你尽早走上管理岗位，而这项工作对你的管理能力将是一个非常好的历练，所以我希望由你来做”或者“你不是想成为……吗，这项工作将对你的这个职业目标有很大的帮助。怎么样，要不要试一试？”

积极地请求，而非命令

选择好成员，组建起团队之后，接下来就该给成员“**委派**”工作了。

请读者朋友们注意，在这里我没有用“**指示**”这个词，而用的是“**委派**”，其中有我的道理。

作为领导者，给成员分配工作的时候，常用的词有“命令”“指示”“委派”“请求”等。这些词的最大区别就在于，使用之后接受工作一方的自主性会有很大的差别。

使用“**命令**”或“**指示**”的形式分配任务的话，接受工作的一方根本没有反映自己想法的余地。此时，领导者的语气一般是“你去做……”或“请你完成……”而如果用“**委派**”“**请求**”的方式，则语气会缓和得多，比如“能请你做……吗？”或“这项工作可以交给你做吗？”做还是不做，由团队成员自己决定。一个团队的领导者，应该避免用“命令”或“指示”的语气给自己的成员分配任务。

一提到“委派”，人们容易联想到非常客气地委托、恳请的样子，但这里我们委派的是工作。

没有必要过分地客气，只要积极地请求就够了。有些领导者会顾虑成员的想法，尽量以不给成员造成负担的形式提出工作上的请求，还会加上一句“不好意思，麻烦了”，其实，在工作中这样的顾虑是没必要的。因为领导者是在认可对方价值的基础上才委派给他工作的，所以，对方可能还会很高兴呢。**受到别人的委托，是对自己价值的一种认可，反而能激发出人的积极性。**

带团队小贴士：

把事情委托给队员做，他会很开心；让他闲着，他反而会觉得自己没有价值。

我刚参加工作的时候，正赶上领导非常忙，给我分配工作的闲暇都没有。于是我主动向他要求参加工作，他对我说：“在我给你做出下一个指示之前，上班时间你就先自己学习吧，可以自由支配。”听了这话我心里非常难受。那时我还非常单纯，听了领导的话，我甚至想：“难道这里不需要我吗？那样的话，直接说就好了啊。”

反之，如果领导一个接一个地给我分配新工作，不管多么忙，我也会非常开心。因为我觉得自己有用，为团队实现目标贡献了自己的力量，便会更加积极主动地投入到工作中去。

分配工作时描绘愿景

领导者在委派工作的时候，有责任将团队、公司的美好愿景与当前的工作联系起来，向团队成员做详细的说明。

下面这则搬砖的故事，我想很多朋友可能都听过。

有一位老人，一天，他出门去散步。在路上，他遇到一个正在搬砖的青年。于是老人问这个青年："你在做什么？"青年默然地回答道："搬砖。"

老人继续向前走，结果没多久又遇到一个搬砖的青年。老人问他："你在做什么？"这个青年轻松地说："我在搬砖砌墙。"

老人再往前走，又遇到了一个搬砖的青年。

老人也问他在做什么，这次这个青年喜形于色地回答："我在搬砖修教堂！”

这个故事告诉我们，**即使是同样的工作，但如果看到的未来不同，那么工作之人的态度也会大不一样。**

要想让团队成员带着使命感、责任感去完成一项工作，就得让他像第三个青年那样，清楚自己的工作所连接的美好结果。**而作为领导者，在委派工作的时候就必须得结合美好的未来愿景向团队成员说明这项工作，比如：“现在的这项工作，是为实现我们的……目标而不可或缺的一环。”**

如果一个领导者在委派工作的时候对成员说：“什么愿景、使命之类的，都是公司的美丽口号，跟我们没什么关系。你什么都不用想，只要好好完成这项工作就够了。”那么，这样的领导者应该即刻下台！

带团队小贴士：

有美好的愿景，队员的工作积极性确实会变高。

另外，作为一个中层领导者，如果只是把上层领导的意图直接传达给下级的话，那么要中层领导有什么用呢？中层领导者必须有能力将上面的意图转换成团队的愿景和目标，然后将其与团队眼前的工作联系起来向成员进行解说。中层领导者的工作就是承上启下。

所有的工作，都应该和目标结合起来开展：所有的决策，都应该按照目标来制订。

向队员说明好处

领导者在向成员委派工作的时候，只从领导者自己、团队、公司的角度出发给成员讲道理，是远远不够的。领导者还必须有意识地站在受委派者的角度，设身处地地为他考虑。这却是很多领导者容易忘记的事情。

成员在接到领导者委派的任务时，如果能够想通“为什么要让我来做这项工作”这个问题的话，那么，他一定能以更高的自主性投入到工作中去，并创造出更高的价值。

所以，领导者在委派工作的时候，应该向接受工作的人详细说明这项工作对他个人的好处。

例如说：“我希望你尽早走上管理岗位，而这项工作对你的管

理能力将是一个非常好的历练，所以我希望由你来做。”或者“你不是想成为……吗，这项工作将对你的这个职业目标有很大的帮助。怎么样，要不要试一试？”等等。

首先表达自己对对方的期待，然后再把不远的未来、比较现实的目标或者他本人的强烈愿望与当前这项工作结合起来，向对方阐明做这项工作将给他带来的好处。（但是，对新进公司的员工说：“我看你将来有当总经理接班人的潜力”，这样的“远大空”目标还是少说为妙。因为，这样的目标让对方认为领导者缺乏诚意，是在忽悠自己。而像“派你去工作的地点不是离你老家很近嘛”这类现实得有些庸俗的好处，最好也不要摆上台面说。因为如果对方在乎这点蝇头小利的话，那他也不会有什么前途，而如果对方志向高远的话，肯定会觉得这个好处实在是侮辱自己。）

而且，**这项工作将给对方带来的好处，绝不能让它只停留在领导者的头脑中**。只要领导者想到了，就一定要在委派工作的时候，向对方讲清楚。当人感到自己备受领导期待，并在明确这项工作将给自己带来什么好处的基础上投入工作的话，将与那些不受期待、不知工作的好处何在的人相比，实现更快的成长，收获更大的成就。

当团队成员觉得这份工作不适合自己，并已决定辞职的时候，领导者再把心中对他的期待表达出来，就为时已晚了。

另一方面，如果领导者能够换一个角度，**向对方说明做这项工**

作对他自己的好处，那么对方做这项工作就有了干劲儿。

由此可见，领导者在委派工作的时候，头脑中一定要绷紧这根弦。

带团队小贴士：

如果一项工作有利于队员未来的成长，他知道了当然更有干劲儿。

以情动人

领导者在与团队成员沟通的过程中，高明地将“道理”和“感情”结合起来使用是很重要的。

要想打动人、驱使别人工作，如前面所讲，首先需要“以理服人”，比如“为什么选你做这项工作？”“为什么要做这项工作？”等道理要跟对方讲清楚。然后，还需要“以情动人”，感情是一种超越理论的存在，具有很强大的魔力。

我们经常听到别人说：“经理竟然亲自来拜托我做这项工作，我真的很难开口拒绝”“我被他的热情打败了”等。其实，冷静地分析一下，感情的力量果然超越了理论。

与理论相比，感情更接近于人类的本能，所以才会具有打动人的魔力。

作为一个团队的领导者必须明白，在驱使别人工作的时候，感情是非常有效的。

但是，在诉诸感情之前，必须得有完备的道理、理论作为客观依据。

尤利乌斯·恺撒、史蒂夫·乔布斯都是伟大的演说家，他们的演说充满感情，能够极大地煽动听众的情绪。但是，他们的演说背后，都曾用冷静的头脑进行过充分的分析，并为演说内容设置了完美的战略。

首先有道理，然后充满感情地向人说明这个道理。

没有道理，却一味用感情打动别人的领导者，不仅难以打动别人，还容易被认为是“感情用事”的人，而遭到疏远。

感情这种东西，如果不做足准备就随便使用的话，便会成为伤人伤己的“双刃剑”。即使万里有一出现一次成功，那也单单是一个煽动者，时间久了便会被人看穿。

所以，在动用感情这个武器之前，必须首先对形势做出客观、全面的分析。当判断有必要使用感情之后，最先做的应该是细致、周到的准备，然后才能在交流的过程中加入感情。

带团队小贴士：

感情总能跳出理论，发挥巨大的魔力，领导者绝不能忽视。

不要对工作细节都做指示

领导者在给团队成员分配工作的时候，要将“委派的理由”“目的和目标”“期望的工作水准”以及“工作期限”向对方传达清楚。

此时，领导者一定要注意，**详细具体的“操作指示”是绝对不需要的。**

当然，如果对方是“派遣职员”（由人才派遣公司派遣来的临时员工，不算公司的正式员工），那自另当别论，因为没有上级的具体指示，派遣职员是不能随意开展工作的。但只要是正式员工，分配任务之后，至于他怎么做，就全由他自己做主了。

比如，请部下和客户约定会面时间、地点的时候，领导者就不用细致到“给对方写电子邮件了吗？”“给我看看电子邮件的草稿”“对方的邮箱地址你知道吗？还要抄送给谁？”“邮件发出去了吗？”“那个事情可别忘记跟客户说！”……如果领导者果真如此，连细枝末节都做指示的话，那么实施工作的人心中就会想“原来领导对我的期待值很低，只要按照他说的做就可以了”，那样他就会失去对工作的积极性，而且也不再用自己的头脑去思考了，完全成了按指示办事的机器人。而如此做出来的工作，其质量也绝不会超出领导者所掌握的知识和信息的范围。

如果对方的资历尚浅，领导者可以这样说：“这项工作该怎么做，你先思考一下。有为难的地方再找我商量。”然后，**关于具体的工作方法，只要对方不问，就不用主动去指导。**

即使团队成员向领导者请教工作上的问题，也不应该直接说：“你该这样做……”而是如此回答：“如果是我的话，我会……”或者“还有一种方法是……”说到底，**具体进行工作的人是部下，所以一定要让他意识到自己的主体性，领导者只能从一旁提供参考意见，而不是指示、命令。**

带团队小贴士：

事无巨细是大忌，要保持队员的主动性就一定不要这么做。

经过充分讨论的决定，要执行到底

日本昭和时代后期，曾任内阁官房长官等多种政府职务的后藤田正晴，可谓日本行政领导中，实绩颇丰的一位。而他的一些经典名言还被总结为“后藤田五训”。

一、不管官员出身于哪个部门，都不能忘记部门利益，还要心怀国家利益；

二、不好的事情也要报告；

三、鼓起勇气，提出意见；

四、不是自己分内的工作，不要多言；

五、一旦做出决定，就要服从，要将命令执行到底。

“团队”“公司”“国家行政机构”三者的规模差别很大，而且后藤田正晴所处的时代也和现在有很大的不同，所以他的话现在听起来多少有一点儿不合时宜。但是，组织的领导者对组织成员所怀有的期待却是共通的。

对于“后藤田五训”，我们应该特别留意的是“第三条”和“第五条”。

我用自己的语言将这两条改编了一下就是“三、该说的话就得说，而且要对自己所说的话负起责任”，“五、决定的事情，就把它当作自己的事情付诸实行”。

而且，这两条应该放到一起理解。

当领导者向自己的成员委派工作的时候，如果此时成员有疑问或意见，那么领导者就应该主持完全开放式的讨论，包括这项工作到底该不该做，都应该让大家进行充分的讨论，让团队成员大胆地提出自己的意见。像第三条说的那样，如果领导者总是不经讨论就“强加于人”，或者，即使讨论也总是制造出一种“排除他人意见”的风气，那久而久之团队成员就不愿意甚至不会提出自己的意见了。

经过全体团队成员充分的讨论，各方做出适当的妥协让步而制订的方针，不是“领导者的方针”而是“整个团队的方针”，也就是说，大家对此项工作负有共同责任。走到这一步，接下来就需要彻底地执行了，即第五条。

如果在实行的过程中出现了问题，只要再进行讨论决定下一个方针即可。因为之前的方针是大家讨论得出的结果，所以，遇到问题也就不会出现相互推卸责任的情况。

带团队小贴士：

团队的方针是经过充分讨论的，执行时就不会互相推卸责任了。

不用过分考虑成员之间的平衡

当领导者考虑工作分配的时候，总是想把工作集中分配给一部分人。因为团队中肯定有人在能力上要比较出色，而有人要稍差一些。把工作分配给能力突出、业绩优异的人，这是所有人都会有的想法。

可是，当领导者想到团队成员在听到工作分配方案所产生的反应时，又不禁会想：“总给他分配主要的工作，会不会让他的负担太重？而其他人总分不到工作，会不会产生怨言？”到底该如何是好呢？

如果我是领导者的话，还是会优先考虑把工作分配给能力强、业绩好的成员。根据我以往的经验，有能力的人所能够承受的工作负荷，往往大大超出我们的想象。这样的人，不管交给他们什么样的工作，都能出色地完成，所以没有必要考虑为他们减轻工作负荷。

另外，如果是工作能力强的人，当分配的工作量超出他个人能力范围的时候，他自己就会找团队的其他成员来帮忙了。

如果事前过分考虑团队成员的心理平衡，给能力不强的人分配了他难以完成的任务，那么，最终肯定会对整个团队造成不良的影响。所以，**在分配工作的时候，应该按照工作的重要性和难易度，先给能力突出的人，重要性相对较低、较容易的工作再分配给其他人。**

换句话说，一个领导者应该：

· “把工作集中分配给能力强的人”，不必顾虑太多；

· 始终摆好姿态、做好准备为成员提供咨询和支持，因为即使是能力强的人，也有难以应付的时候（明确地告诉成员，“遇到困难就跟我直说”）；

· 对于成员做出的成绩，要给予相应的待遇，比如加薪、升职等，给成员提供更高层次的工作机会。

过分顾虑团队成员的心理平衡，不仅剥夺了他们在工作中成长的机会，也无法为他们提供一个可以放手去挑战的环境。

带团队小贴士：

能者多劳是避免不了的事情，可以在待遇上做平衡。

第三章

怎么评价，队员愿意接受

领导者应该将赞美的语言和成员的具体工作结合起来，并且应该及时表达自己对成员的赞美，最好当场就表扬。认可团队成员的行动或工作的价值，最好的方法就是当他们做得好或取得进步的时候，及时进行表扬。

客观准确地传达评价结果

领导者在向团队成员传达年度评价结果的时候，不管结果是好是坏，一定不能使用暧昧、含糊或绕圈子的表达方式，有话要直说。

本来，向团队成员传达评价结果的目的是让他将来更好地成长，让他认识到自身的优点和需要改正的问题。总之，**评价的目的是让他往更好的方向发展。**

所以，领导者需要将评价结果准确地传达给团队成员。如果评价结果比较差，可能远远低于成员本人预期的时候，也许领导者会不好意思开口。但是，如果此时领导者碍于面子，把成员的感情放在优先位置考虑的话，也许会采用模棱两可、含糊不清的表达方式将评价结果传达给对方。可是，这样做的话，无法帮助成员更好地成长，对未来的工作也没有好处。有问题不直接指出来，不管对成员个人还是整个团队，都是有害的。

含糊不清的表达方式，常会使对方产生误解，甚至骄傲起来，真是有百害而无一利。

所以，领导者在向团队成员传达评价结果的时候，头脑中一定要意识到“直截了当地表达”“准确地传达”和“面向未来的表达方式”。

很多领导者误以为，将评价结果传达给团队成员就是把他所获得的分数“A”“B”“C”或“1”“2”“3”告诉他们。但是，只是将“结果”“直截了当地”“准确地”告诉对方，一点儿意义也没有。

作为一个领导者，必须首先要告诉成员他为什么会得到这样的评价结果，然后还要和他讨论今后哪些方面可以发扬，哪些方面需要改正，这样，才算真正地完成了传达评价结果这项工作。

就像前面讲过的那样，此时，领导者需要将公司、团队的目标和成员的工作内容结合起来，向他传达评价的结果。

传达评价结果，是领导者与成员之间宝贵的沟通机会。高明地传达方法，可以让成员对组织的愿景和目标有更加明确的认识，从而进一步激发出他的工作积极性。

带团队小贴士：

理性的实话实说加上合理的建议，能让队员在职场中成长得更好。

领导者要将功劳让给团队成员

长时间在一个团队中工作，会经历各种各样的情况，有时工作顺风满帆，有时也会出现失误。只有始终贯彻“**功劳是团队成员的，失误是我的责任**”这一原则的领导者，大家才愿意跟着他工作，而他手下的团队成员也能获得更大的成长。

我年轻的时候，曾经遇到一个了不起的领导。在他手下工作的时候，一次因为我的疏忽造成一个错误，而这个错误被客户发现了，并向我们提出了投诉。

而我的那位领导，不管是在客户面前，还是客户走了之后，都没有因那个错误而责怪我一句。他始终说：“因为我检查不细致，造成失误，给客户带来了损失，我表示非常的抱歉！”领导把失误的责任全都承担了下来。

那时，我的心中有两个感想。第一，明显是我的错误，以后我绝对不能再犯这样的错误，对工作一定要认真负责（与直接批评我相比，领导代替我受过、谢罪，更让我感到难受）；第二，我以后也要当他那样的领导者。

不过，这句话说起来简单，做起来却很难。后来，在我当团队领导者的时候，遇到工作失误的情况，我曾经责备过负责这项工作的成员，而面对客户的投诉，我也曾把责任推到部下的身上。回过头来再想那段经历，真是觉得自己太不成熟，对自己的不当做法感到非常悔恨。

有不少领导者会在客户或上司面前责备自己团队成员的过错。这样的领导者，当工作进展顺利的时候，就会把整个团队的工作当作“自己的工作”，而当工作出现失误时，又会把责任推到团队成员身上。请大家想一想，有谁愿意跟随这样的领导者工作呢？

“成绩是A君努力的结果”，功劳要让给团队成员。而过错，哪怕只是一个错别字，“也是我作为领导的失职”。只有如此胸襟的领导者，才能将整个团队团结在自己周围，朝着共同的目标奋勇前进。

带团队小贴士：

带队员受过确实不容易做到，但一旦做到了，团队凝聚力会超出你的想象。

及时、具体、发自内心地赞扬

领导者在评价团队成员的工作的时候，“表扬”“赞美”是一种非常有效的方法。因为任何人都希望别人认可自己的价值，当人受到表扬、赞美之时，就会越发地努力工作，想为团队做出更大、更多的贡献。

不过，像“你很不错啊”“你很厉害嘛”之类空洞泛泛的赞美之词，却难以让人感受到诚意。“表扬可以让部下成长”，如今这已经成为各种商务书籍、杂志推崇的一种培养人才的方法，所以，很多领导者都开始使用表扬这个武器。但是，如果只是空泛的表扬之词，立刻就会被部下看穿——“领导只不过是按照理论，表面上表扬我而已”。结果反而会起到反作用。

高明的表扬方法，有几种模式。

大体上可以分为“感谢”“感动”和“尊敬”。当领导者真心觉得成员在某一点上做得很好的时候，可以采用以下几种方式进行表扬或赞美。

使用“感谢”的方法对人进行表扬的时候，简单地说一句“谢谢你！”就足够了。

“感动”的表扬法，是将自己、上司或客户的感动表达出来，比如说“你能做得这么好，我真高兴”，“客户很感动，说下次还让你为他们服务”。

“尊敬”的表扬法，可以说“下次你教我一下好吗”，“看来我真的做不到你的程度”。（顺便说一句，即使是资历尚浅的年轻成员，他们在工作中也有很多值得我们尊敬的地方，领导者一定要善于发现这些闪光点。我就经常对部下说：“我像你这么年轻的时候，根本就想不出你这样的点子。”）

带团队小贴士：

赞扬别人也不是一件容易的事，表扬不好还会起反作用呢，所以要发自内心，而且根据实际情况分出层次。

领导者应该将赞美的语言和成员的具体工作结合起来，并且应该及时表达自己对成员的赞美，最好当场就表扬。认可团队成员的行动或工作的价值，最好的方法就是当他们做得好或取得进步的时候，及时进行表扬。

当发现团队成员身上的闪光点时，作为领导者，请不要不好意思，大胆地将自己的赞美表达出来。而且，要尽可能做到及时、具体、发自内心。

间接地表扬，给队员建立好口碑

作为领导者，除了直接表扬的方法之外，还可以趁当事人不在的时候，对他进行夸赞。这样的间接表扬最终肯定会传到当事人的耳朵里，结果一定能大大激发他的积极性。

“来自周围人的赞扬”就是在帮当事人建立“良好的口碑”。

间接表扬的具体方法，比如，在很多外人面前，结合具体工作赞美当事人，说：“那项工作是她完成的，我和她一起工作的时候，有很多瞬间都令我感动不已”或“在……方面，他在我们公司里可以说是无人能望其项背”等。

对于自己的工作成绩，如果总是自己进行宣传的话，那就变成了炫耀和吹嘘，对于建立良好的口碑只会起到反作用。这个时候，就该领导者出来发挥作用了，领导者应该帮助团队成员宣传他们的成绩。有意识地不断在别人面前赞美自己的成员，就是最好的方法。

“听说A君在……方面的能力非常优秀。”“是啊，我也听说了。”像这样，让A君的事迹成为众人的话题，就是帮他建立了良好的口碑。**而帮助自己的团队成员在外界建立良好的口碑，正是一个领导者的责任。**

而且，当领导者在背后赞美自己团队成员的话传到当事人耳朵里的时候，当事人一定会备受感动，不但提高了自己的信心，也会大幅提升对领导者的信任度，还会以百倍的干劲儿投入到新的工作中去。

这样一来，整个团队中就建立起一种良性循环，领导者帮团队成员在外界建立起良好的口碑，激发成员的工作积极性，做出更好的成绩，这样又能提升整个团队的形象和口碑，也让团队朝目标又向前迈进了一步。

带团队小贴士：

赞美队员其实也是在赞美团队和作为领导者的自己，这样队员、自己和团队都进入了良性循环，一举多得。

领导者不应唠唠叨叨

领导者应该向团队成员传达的，不仅仅有赞美之词。

不管是什么样的领导者，在和团队成员一起工作的过程中，肯定会遇到成员的工作达不到自己预期的时候。这个时候，领导者难免会说上一句“你该这么做”或者“朝那个方向再加把劲儿就对了”。

甚至还有的时候，当看到成员出现明显的失误或不听从指挥的时候，领导者还会怒火中烧，恨不得批评他两句：“你到底在做什么！？”

遇到这种情况的时候，请领导者一定要控制住自己的情绪，让自己冷静下来，优先考虑团队成员的心情，不能盲目批评对方或随

意提出自己的意见。

一般来说，在成员工作的过程中，领导者应该尽量少提意见。即使要提意见，一次最多也只能提一个意见。

如果领导者有好几个看不下去的地方，也要给它们排列一个先后顺序，只说最重要的那个。其他的意见，等下次遇到机会再提出来。否则的话，一下子提出很多意见，会造成对方“消化不良”。

再有，像“以前你也犯过同样的错误”之类的翻旧账，也是绝对禁止的。因为这仅仅是发泄情绪的说教，对对方的成长没有任何好处。

当领导者进入“说教模式”后，被说教者的头脑中肯定有一行字像走马灯一样不停地出现，那就是“请饶了我吧”！

由此可见，唠唠叨叨地说教不仅难以让对方接受自己的意见，还会被贴上“婆婆妈妈”的标签，从而使领导者在团队成员中的威望一落千丈，不管领导者的态度有多么诚恳，意见是多么正确。

带团队小贴士：

如果对队员的工作有很多不满，每次也只提一个意见，下次遇到机会再提。

我们对一个人的心思越重，想对他说的话就越多。父亲在女儿婚礼上的演讲，一般都很长，就是这个道理。

但是，**越是重视一个人，在向他传达想法的时候，就越要做到简明扼要、抓住重点。**

不需要廉价的同情

领导者会根据团队成员的表现决定他的待遇和配置岗位。在这个过程中，有的领导者容易感情用事，会说："这样一来，他就太可怜了。"但是，在领导一个团队的时候，"可怜"这样的话是绝对不能说的。

因为"可怜"只是基于主观感情的判断。

如果领导者认为某个团队成员处境"可怜"，便给他相对优越的待遇，那么，就会给其他成员带来"可怜"的结果，这是极其不公平的。

举例来说，在进行年终总结的时候，有一位成员连续几年都获得最低的评价，如果领导者以这样的理由认为他"可怜"，并提高对他的评价以示安抚的话，那么，从另外一个角度说，就肯定会相对降低对另外某个或某些成员的评价。这样一来，那些“被”降低评价的成员岂不是很“可怜”？

再举个例子，团队中有个人获得了去国外工作的机会。可是，团队领导者和人事部门在征询他本人的意见之前，就私自判断“他新婚不久，如果此时一个人去国外工作，他和他妻子都太可怜了”。于是便把这个机会给了别人。试想，如果他本人知道了实情，心中会作何感想呢？

还有一个现实中在我身边发生的例子，一个团队领导者在考虑自己后继者的时候，一个有力的候补者是刚休完产假回来上班的女性部下。可是，身边有人提出建议说：“如果让她当团队领导者的话，会很忙，到时孩子没人照顾，会很可怜的。”可是，在征询她本人的意见之后，她欣然接受了这个任务，因为家中有老人帮忙照顾孩子。

带团队小贴士：

有同情心虽然是好事，却不适合用在带团队上，公平和客观在这里更重要。

在这种情况下，如果以主观的“同情”作为判断的标准，也许表面上暂时帮助了当事人，可是从结果上看，却给周围的人或当事人本人带来了负面的影响。所以，廉价的同情，对谁都不一定有好处。

总而言之，判断，必须在客观、冷静的基础上进行。

无法说明理由，就不要盲目提拔

看到拼命工作的团队成员，领导者从感情上总会产生“我应该给他一些回报”的念头。特别是当那个成员已经工作了不少年头，临近升职期的时候，领导者就更想提拔他。

但是，越是这种时候，领导者就越应该保持清醒的头脑，以客观事实作为判断的标准。

如果觉得自己团队的某个成员工作很努力，领导者就想给他回报，并真的因私情而提拔他的话，也许能够暂时激发对方的工作积极性和对领导者的忠诚之心，可另一方面呢？很可能打击到周围其他成员的积极性和忠诚心。这一点是领导者必须时刻提醒自己的。

再者说，这样的提拔对当事人的激励也是暂时的，随着时间的推移，他心中的感谢之情就会变淡，习惯了现在的职位之后，工作热情也会逐渐消失。可见，领导者希望得到的激励效果并不会持续太久。

当然，我并不是说像“破格提拔”这种例外的人事变动就一定不能实施。只要能够依据客观事实做出明确的解释，例外的人事变动也是允许的。

比如，“他在……工作方面取得了大家有目共睹的成绩，所以我想让他来挑战一下这个岗位，于是决定破格任命他担任 × ×。”只要拥有可以服众的理由，就可以破格提拔。（如果被提拔者无法按照预期出色地胜任这个岗位，到时再让他让出该岗位，换其他有能力者即可。）

但是，如果明知此人不具备足够的能力，还破格提拔他的话，那他在新岗位上肯定会出问题，到时还得紧急调整人事，那可就麻烦了。

这样一来，不管对他本人还是对团队，乃至整个公司都是一个不幸的结果，而且，提拔他的领导者也会因徇私情而遭到指责。

由此可见，在人事问题上徇私情，是一件危害极大的事情。

带团队小贴士：

提拔人是需要充分考虑的，发现选择错了的时候麻烦会比较大。

用正确的评价来弥补“不公平”

在一个团队中，大部分的工作都集中到了有能力者的手中，这样一来，便造成其他拿着同样薪水的人却很清闲。一到下班时间就可以泾渭分明地看出来，有的人还在埋头工作，继续加班已经毫无悬念，而有的人则已经收拾停当，随时都可以冲出公司。

从下班这一时点来看，公司里是相当不公平的。而那些被分配到更多工作的人肯定也会满腹牢骚。假设您是领导者，他们来找您抱怨，您会怎么办呢？

人们常说，工作本身就是不公平的，看来确实如此。

遇到这种情况的时候，领导者应该用正确的评价来弥补工作中的“不公平”。

但是，如果在这个时候，领导者以个人感情或对方要求的强度来表扬其工作的话，那就是典型的本末倒置了。

评价，应该以成果为依据客观地进行。一些工作有成绩的人，只是因为资历浅或年轻就受到较低的待遇，对于这样的人，就可以通过表扬来提升他们的工作意愿和满足感；而有些人虽然在过去的工作中取得过不错的业绩，但现在什么成果也没有，对于这样的人，也可以通过批评来督促他们上进。这样一来，客观、准确的评价，就成了实现“公平”的工具。

另一方面，不能因为有的人从不加班就降低对他们的评价。有些人从来都是一到下班时间就立刻离开公司，也有些女职员为了照顾孩子甚至会请假早退，但是，这些人中有很多在工作中成绩卓然。我就认识不少这样的人。有些女职员，虽然为了照顾孩子会早退，但是到了夜里，等孩子睡着之后，她们又会起来工作。所以，不能把表面上的、形式上的工作态度当作评价的主要依据。

也有那么一些人，为了和领导混个“脸熟”，所有会议都参加，还经常在公司加班到深夜，当然，至于他们加班都做了些什么、工作效率几何，都是无从考察的。领导者不能因为对他们印象好，就给予他们较高的评价。

顺便说一句，**我所说的评价依据——“成果”，是指发挥出来的能力**。

有些人虽然有能力，但他们不主动发挥出来，那也不能把他们列入表扬的对象。**而且，也不能简单地根据“数值”来评价人**。有些人是恰巧被分配到了业绩好的团队中，但他个人所发挥的作用很少，那么在评价他时就得具体问题具体分析。有些人虽然所处的团队业绩不佳，但他却担任着难度最大的工作，此时，领导者也不能以团队整体业绩不佳为由降低对他个人的评价。

以客观事实为依据，准确地评价团队成员的工作成果，为他今后的工作提出指导性的建议，这才是评价的意义所在。不要嫌烦，我再次重申一遍，评价方式的不同，会给团队成员的积极性带来极大的差别。

带团队小贴士：

评价队员既要看“成果”，也要看其做工作的条件。尽量评价得公平，才能让队员保持一贯的积极性。

第四章

遇到麻烦，怎么处理

如果领导者被自己的不良情绪所左右，不加控制地将怒气发泄出来的话，那么周围的人就会缩手缩脚，甚至唯领导者脸色是瞻。而且，随着时间的推移，周围的人会对这样的领导产生反感乃至厌恶的情绪。

对于团队成员的SOS，应该最优先处理

作为一名领导者，每天都会收到很多关于麻烦事态的报告。

为了带领团队实现既定的目标，**领导者应该善于处理麻烦，也应该维护成员对自己的信任、维持成员的工作热情。**

先举个例子，假设您是一个团队的领导者，一天，您正在办公桌前紧张地工作着，这时，一名部下前来找您咨询一些工作上的事情。如果您头也不抬，始终盯着电脑，然后应付地回答他几句，对方会作何感想呢？恐怕他以后再也不会来找您商量事情了。

不管谁来找您商量事情，您都应该马上停下手里的工作，看着对方的眼睛，听他把话说完。在这样的领导者身边，才会聚集很多有能力的部下。

其实，这是再简单不过的道理，只有愿意听别人说话的人，别人才愿意把话说给他听。

团队成员来找领导者商量工作上的事情，是领导者把握一线工作情况的重要“情报来源”。因为团队成员要说的有可能是工作的进程，也可能是团队人际关系中的问题，还可能希望领导者为自己指明工作的方向……

其中有很多都是来自团队成员的“SOS”，如果不及时听取并加以处理的话，日后很可能追悔莫及。

也许有人会说：“作为领导者，我可没有那么多闲工夫。”

但是，如果现在不好好处理的话，等事态发展到难以控制的局面，可就无法收拾了。不管领导者多么繁忙，在面对团队成员的“求救”时，也要有这样的心态。

对于成员所遇到的麻烦，有的时候领导者只是倾听，就可以帮助他们解决问题；有的时候，在与领导者的谈话中，成员就能学到解决问题的方法，然后便会自行解决了。

高明地处理麻烦事态，让成员始终保持较高的工作热情，也是领导者的重要工作。

带团队小贴士：

愿意听队员说话，队员就会愿意与你沟通。

领导者不能被感情所左右

控制好自己的感情，是最为重要的领导技能之一。

即使在遇到麻烦的时候，领导者如果在人前发怒、肆意地大吼大叫，也是没有任何好处的。所以，一定要避免将焦躁的情绪表现在众人面前。

如果领导者被自己的不良情绪所左右，不加控制地将怒气发泄出来的话，那么周围的人就会缩手缩脚，甚至唯领导者脸色是瞻。而且，随着时间的推移，周围的人会对这样的领导产生反感乃至厌恶的情绪。

如果遇到个性强的团队成员，面对领导者的怒火也许不但不会退缩，还会上前顶撞两句，可这个时候只是单纯的怒气与怒气的碰撞，没有任何意义。

只要不是在头脑冷静的前提下进行的讨论，就绝对不会得出正确的结论。长此以往的话，团队肯定做不出好的业绩，而团队成员对领导者也是当面一套背后一套。

再有，**不能控制自己情绪的领导者还会被贴上“那个人脾气暴躁”的标签，他的领导能力也会受到众人的质疑。**

也许有的人会说，为了保持领导者的威严，有时需要当众发一下火，但我认为这种观念是错误的。有威严的领导者也许偶尔会发火，但如果经常发火的话，也会威严扫地。而越是没有威严的领导者，越容易控制不住自己的情绪，向自己的部下发出怒吼，可是，他们的怒吼常被部下当作是“虚张声势的疯狗在乱叫”，其实部下根本没往心里去。

也有人说，领导者为了保持威严，有的时候可以“用冷静的头脑，装出发火的样子震慑别人”。可是，我曾经好几次在生活中对孩子们实验过这种方法，发现这种方法对孩子们的行为和感情同时具有正面和负面两种影响。

带团队小贴士：

你想成为那个被贴上“脾气暴躁”标签的人吗？如果不想，就一定不要当众发火。

而且，虽说是扮演出来的愤怒，可结果往往假戏真做，情绪越来越高涨，最后真的丧失冷静，心里燃起了真正的怒火。不但无法实现最初的目的，还会造成恶劣的结果。

所以，为了达到目的，必须理智地控制自己的情绪，不让愤怒的感情流露到脸上。

队员带着麻烦报告时，对他说“谢谢”

当团队成员带着麻烦的状况来向领导者报告的时候，领导者应该首先向对方说一句：“谢谢！”

因为成员来报告情况，是领导者掌握工作一线情况的最直接手段。

一般来说，成员来报告的内容都不是什么好消息，其中还有不少是报告者本人工作上的失误。但是，不管什么样的内容，领导者都不能当场批评报告者。其实报告者本人在犯错误的时候，肯定也尝试过自己去解决问题，只有当自己难以解决的时候才会来向领导者汇报、请教。如果团队成员在工作中出现了问题，但是一想到去找领导者汇报、咨询解决方法的时候，就联想到自己被领导者严厉批评的样子，他肯定不敢去报告。可是问题是不会自己消失的，总有一天会变成大问题，到时候被领导者再发现可就晚了。

如果团队成员了解自己的领导是一个宽容的人，“即使向那位领导汇报自己的失误，他也不会批评我”，那么，团队成员就会大胆地来汇报自己的失误或工作中遇到的问题。

当然，团队成员来找领导者咨询、商量的事情大多不是什么值得高兴的事。可是，尽管如此，为什么领导者还要向前来报告的成员表示“感谢”呢？其实，此时的感谢，第一，感谢的是成员能够将工作一线的情报汇报上来；第二，是为了防止自己听到坏消息而情绪失控，用“感谢”这句话来控制自己的情绪。

美国前国务卿科林·鲍威尔曾经说：“Don’t shoot the messenger。”意思是：“（在战场上）不要把回来报告前线情报的己方侦察兵当作敌人射杀了。”这句话同样也适用于一般工作中。莎士比亚的剧作中也有类似的台词出现。可见，在一个组织中，领导者对待报告者的态度是一个历久而弥新的课题。

在这里我想追加一点说明，对于满怀期待前来报告情况的团队成员，领导者一定不能说：“你先想出解决问题的对策再来找我！”为什么不能这么说？因为如果此时让团队成员回去思考解决对策的话，问题也许会进一步发展，甚至发展到难以控制的地步。换句话说，就是时间不等人。

可是话虽如此，但解决的对策并不是在办公室中空想出来的，对策就存在于工作现场。所以，领导者对于成员的报告，首先应该表示感谢，然后马上收集尽可能多的相关现场信息，在此基础上，对成员做出下一步工作的方向性指示，如：“向这个方向去寻找解决方法，你看如何？”

带团队小贴士：

批评来报告麻烦状况的队员，将来小麻烦会变成大麻烦。

不好的消息要当面确认

当团队成员向领导者报告麻烦事态的时候，只要条件允许，就一定要采用当面报告的形式。换句话说，就是领导者要当面确认不好的消息。

通过电子邮件或电话进行报告，往往传达的信息量不充足，而且很难让领导者充分感受到事态的紧急程度和严重程度。人的表情、动作、说话声调所传达的信息，是冰冷的文字难以弥补的。

领导者向报告者当面确认情况，可以大大减少做出错误判断的风险。

所谓不好的消息，除了真实情况确实糟糕以外，还有很多情况是人为地将事情扭曲了。因为在很多时候，人出于自己的主张或明哲保身等原因，会对客观情况加以主观加工。所以，领导者得到的信息，尤其是通过传闻得来的，很有可能是不准确的。而用这样的被扭曲的信息作为判断的依据，那结果可想而知。

组织的规模越大，某个人推测的信息，经过多重传言之后，就越像真实的信息。

所以，作为一个领导者，当遇到麻烦事态的时候，应该去找事件的当事人当面确认情况。绝不可将传闻作为判断的依据。

另外，有些人愿意将自己关于职业规划、人事安排、人际关系方面的烦恼倾诉给领导者。也许在外人看来，这都是些小事，但在他本人看来却非常重要，所以领导者应该认真地与对方面对面地交流。因为团队成员个人的问题，也可能成为整个团队的问题，领导者必须重视起来。

带团队小贴士：

一传十十传百的结果是事实被扭曲了，所以领导者要与当事人面对面地解决问题。

领导者在与当事人进行面谈之前，可能已经对事情的概要有所耳闻。可是直接面谈后，经常会发现当初听到的传闻与当事人的描述存在很大的出入。面谈可以弥补电子邮件、电话等传达形式中遗漏的信息，看着对方的表情、动作，能够发现更多的线索，从而对事件的真相进行深入的挖掘。

古来就有一句名言："百闻不如一见，"这句话在现实的工作中也具有很高的实践价值。

事态紧急时，领导者要全权掌握

在处理麻烦事态的时候，领导者应该将权限下放给团队成员。但应该是有限地放权，即在相信团队成员能力的基础上，给予他们与能力相对应的权力，尊重他们的自主性，也能促进他们的成长。

但是，**如果事态已经非常紧急，有可能马上就会造成危害的情况，就不适合将处理权限下放给团队成员了。**

面对这样的情况，领导者不能下放权限，而应该把全部权限和相关信息集中到自己身上，并做好随时投入战斗的准备。

具体的做法是，领导者应该首先向整个团队发表声明："这件事情由我来全权处理，我负全部责任。""请诸位将所有相关信息向我汇报。"然后让团队成员做好应对准备，并向其他团队或部门发出请求，希望他们给予全力支持。

再者，还要分析出需要哪些相关信息，团队中谁有能力应对当前的局面。然后按照各个成员的能力为他们分配相应的工作。并按照轻重缓急，为各项工作排序。

在解决问题的过程中，领导者要随时把握“谁”“现在，正在做哪项工作”“可能于何时得出结果”等情况，并整体掌控工作的进程。在看到问题解决的曙光之前，领导者应该时刻把视线放在整个团队和问题上。

如果遇到的麻烦是专业领域的问题，而领导者自身不具备这方面专业能力的时候，该怎么办呢？

此时，如果领导者判断出，“由其他专业人士（团队成员）来到现场解决问题，可能会得到更好的效果”，那么，领导者就应该果断地将这个问题全权交给有能力的专业人士来负责，并任命他为负责解决此事的领导者。

领导者，说到底只是一个角色。

带团队小贴士：

任何时候，领导者都是把握全局，把合适的人放在合适的位置的人。

在遇到麻烦事态时，虽说领导者应该全权把握整个事态，但对于其中的各项工作，可以选择最合适的团队成员去担当，并任命他们为该项工作的领导者，负责现场实际工作。而团队领导者自己则负责把握全局、指挥整体。这种方法对于应对紧急事态非常有效率，也非常有效果。

领导者应甘当挡箭牌

在与客户或其他团队进行交涉的时候，领导者必须站在团队的最前面，要有“我是整个团队的守护者”的信念与决心。

即使面对的问题是专业领域的麻烦，领导者并不精通这方面的专业，即使面对的问题是前任领导者遗留下来的“负资产”，领导者都要勇敢地站在最前面，甘当团队成员的挡箭牌。而且，为了解决问题可以将专业方面的工作部分地委派给具有相应能力的成员，也可以向外界求援，但就是不能流露出丝毫退缩的态度。

我自己作为团队领导者在与其他团队进行交涉的过程中，收集情报和制作资料的工作一般都会分配给团队成员来做，而我自己则全力抵挡来自外界的指责、非难，将妨碍成员工作的一切干扰因素全部吸收。射向团队的“箭”，我都会挡下来。看似是我一个人在战斗，其实不然，只要我甘于为成员们遮风挡雨，不管遇到什么样的麻烦事态，成员们心中都不会忘记我，他们会在精神层面和物质层面为我提供巨大的支持。

有的时候，一个领导者接手一个团队的时候，前任领导者会遗留一些问题。我认识好几个领导者，他们会耐心地花很长时间慢慢解决那些遗留问题，最后都得到了完满的结局。我分析发现，这些领导者身上都有一个共同的优点，那就是对于遗留问题“绝对不发一句牢骚”，而且，他们“把前任遗留的问题当作自己的问题来对待”。

实际上，虽然产生这些问题的原因并不在自己身上，但他们从不辩解一句，只是默默地承受来自各个方面的非难和指责。团队成员看到这种情景后，肯定也会理解事态的背景和领导者的苦心，从而为领导者提供强有力的支持。

带团队小贴士：

为团队甘当挡箭牌的领导者，能得到队员更多支持，更快地化解危机。

但是，在某些情况下，不管领导者再怎么一马当先，甘当团队的挡箭牌，有时也难以解决问题。这时，领导者最好的选择也许是勇敢地承担起失败的责任，并把位子让给更有能力的人。

不过，这种时候，即将退位的领导者，应该充分为后继者考虑，帮他们做好最完善的准备。这也是领导者的职责之一。

掌握保护团队的技巧

团队开展工作的过程中，有时可能需要改变现有的工作方法，即进行改革。但是，一个团队进行改革的话，常会和公司内部其他部门或团队造成利害上的冲突。要解决冲突，就要用到“政治”手腕。

此时团队遇到的压力是非常大的，甚至会让团队成员以前的全部努力都付之东流。这个时候，就该领导者出场了。**遇到这样的麻烦，要勇敢地站出来保护团队，有时还需灵活地运用政治手腕，这也是一个合格的领导者必须具备的能力**。一提到政治，也许有人会嗤之以鼻，但非常遗憾的是，任何组织都离不开政治。

遇到这样的情况，领导者首先要做的就是表明自己的立场和态度。然后，对团队成员进行情况说明，并表明整个团队对于当前事态所应持有的态度。

如果因为种种原因，团队不得不屈从于外部压力的话，领导者必须将其中的理由向团队成员做充分的解释。反之，对于外部的压力，如果必须采取对抗姿态的话，那么领导者应该说服团队成员齐心协力，并对具体对策做出指示。

当团队在公司内部和其他部门或团队发生利害冲突的时候，团队的领导者会受到自己团队之外的非难；但如果屈从于外部的压力，又会受到团队内部成员的批评。

这就是领导者经常要面对的危机。此时，为了得到团队成员的理解，必须晓之以理、动之以情。

在这种情况下，不管领导者站在哪一方、采取什么态度，如果能够制造出一个团队共有的“假想敌人”，那很容易将团队团结起来。**这里所说的“假想敌人”指的是“问题”“麻烦”本身，而绝不是某个特定的人物或组织**。

当团队上下一心战胜了“假想敌人”之后，相信整个团队的团结程度会迈上一个新的台阶。

带团队小贴士：

团队成员如果共有一个“假想敌人”，会变得更加团结。

不要当众撕破团队成员的面子

没有人愿意在工作中故意捅娄子，那是自找麻烦。所以当工作出了差错的时候，大部分人都会感到内疚，并主动反省自己。

如果此时领导者再过多责备、批评的话，就无异于伤口上撒盐了。而撒盐并不能促进伤口的愈合。面对团队成员的过失，领导者应该专注于解决问题和防止同样的错误再次发生。

工作中出了问题后，如果责任已经非常明确，但当事人还是一再推卸责任的话，那么领导者就有必要对他进行批评教育，以督促他认识到自己的错误。这也是防止他再犯同样错误的有效方法。

但是，**即使在这种情况下，领导者也一定要避免当众批评犯错者。**

这时虽然有充分的理由批评犯错者，但不管是什么样的理由，也要在众人面前给犯错者留下一点儿颜面。

当众被撕破面子是一件很伤自尊的事情，如果当事人的心胸不够宽广，那么对于批评自己的领导者可能心生恨意，从而影响团队的团结。对于双方来说，这都是一个不幸的结果。

如果已经明确过错的责任应该由谁来负，那可以通过降低评价、调整岗位配置等措施对当事人进行相应的处罚。这些都是公司的规章制度，所以当事人也能欣然接受，他不会觉得这有什么丢面子的。

再有，当事件责任者不在场的情况下，领导者不应在别人面前评价责任者，比如说“这次的过错，都是A君的责任”，这样的话是不能说的。因为第一，背后评价责任者，对于改善当前的情况没有任何好处；第二，这样的评价早晚要传到责任者的耳朵里，结果可想而知。背后对别人进行负面评价，和当众让他丢面子，其实没有什么分别。

带团队小贴士：

对于犯错的队员，领导者不应当众批评和背后给出负面评价，而应该专注于解决问题和防止同样的错误再次出现。

领导者要敢于承认自己的错误

领导者在工作中应该小心谨慎，尽可能不犯错，但领导者也是人，是人就难免犯错。不过，**只要领导者所犯的错误，对于整个团队来说不会造成致命的伤害，老老实实地承认自己的错误，然后借助团队成员的力量一起来修正这个错误就可以了。**相比之下，可能犯了错却死活不承认的领导者，给团队造成的伤害更大（不管他的辩解多么有道理）。

当问题必须进行修正的时候，领导者应该首先承认自己的错误。

领导者敢于承认自己的错误，也是一个古已有之、至今仍存在的课题。在我的记忆中，中国古代经典《论语》，讲领导者应该主动承认错误的地方至少有四处。

那么，为什么领导者诚恳地承认自己的错误如此重要呢？

原因有二：其一，与一个自尊心强的领导者相比，团队成员们更愿意跟着一个正直的领导者工作；其二，如果领导者为了保护自己的面子而不愿意承认错误，甚至找借口为自己开脱的话，就会耽误解决问题的最佳时机，造成不必要的损失。

领导者不承认错误，就会让错误停留在原地，甚至继续发酵，变得更加严重深刻。而勇敢地承认错误，是通向改正错误的入口。

不过，**领导者在承认错误并道歉之后，就没有必要再不停地道歉了**。

“刚才是我的不对”“真是对不起大家”“要是听从大家的建议就好了”……如果一个领导者对于自己的错误连续不停地向团队成员道歉、谢罪的话，虽然能让人感觉到这是一个好人，但对于塑造一个“让大家愿意追随”的领导者，却没有什么好作用。

犯了错误之后，谁都有想向大家道歉的心情，这一点我理解，但是作为一个团队的领导者，在承认错误之后，应该立刻将精力集中到弥补损失、改正错误上。等问题圆满解决之后，向提供支持的团队成员表示感谢的同时，再一并道歉就够了。

带团队小贴士：

敢于承认自己错误的领导者是十分有风度的，谁不喜欢这样的领导者呢？

在谈判中，不要随便道歉

不用说法律，根据常识我们也知道，如果因为自己团队的过错而给别人造成损失的话，那么，团队的领导者就应该代表团队向对方道歉。

但是，在谈判的过程中，**因为各自主张的不同、意见不合而造成的纷争，即使是客户提出的投诉，领导者也不能轻易地道歉。**

因为**领导者是一个团队的主心骨**。领导者的发言，代表着整个团队的意见。当团队成员正在努力和对方交涉，希望达成共识以解决问题的时候，如果领导者突然站出来向对方道歉，那就相当于站在了对方那一边。举例来说：

谈判对手：“你们的定价有点儿高了，能不能降低点儿？”

团队成员：“不好意思，价格不能再降了。这次我们商品的附加价值……”

领导者：“不好意思，我们回去再考虑一下降价的事情。”

领导者这样一说，团队成员立刻失去了靠山。他心里一定在想：“我们领导到底站在哪一边啊？”

我们再来看一个应对客户投诉的例子。

客户：“你们团队的××，态度有点儿生硬啊，对于我们提出的问题，他都不予理睬。”

领导者：“也许他有自己的想法，回去后我跟他确认一下，然后再和您联系。”

这个例子中，领导者的回应才是正确的，不能随便道歉。当然，回到公司之后，一定要向当事人了解具体情况，根据情况再决定下一步的对策。

如果谈判对方的情绪已经非常激动，到了不道歉就难以收场的地步，可以事先和自己的团队成员商量好：“一会儿我们演一出戏，我假装向他们道歉。”然后在谈判场上向对方道歉，以平息对方的怒气。这样一来，既能让谈判顺利进行，又不会让自己的成员感到领导者背叛了自己。

带团队小贴士：

道歉虽然是有风度的行为，但不能用在谈判中。

第五章

怎么带，团队能勇往直前

在日常工作中，如果团队成员来找领导者进行报告、联系或商谈，领导者应该以“你是怎么想的？”“如果是你的话，你会怎么做？”“你希望我做些什么？”等询问方式引导团队成员自己思考。即使对方是经验不足的年轻成员，同样也要培养他自主思考的习惯。

领导者应该果断地做出决定

要问我领导者的工作是什么，我认为，高度概括地说，领导者的工作就是“做决定”，然后将决定的结果“传达”给团队成员。

不做任何决定的领导者，他也没有什么需要传达给团队成员的，那他等于什么工作也没做。有一个这样的领导者，可谓是团队的不幸，因为团队永远不能前进。

曾经有一位来到日本分公司工作的美国高管，当被人问到“日本企业的领导者存在哪些不足”的时候，他不假思索地回答：“Decisiveness。”“Decisiveness”的意思是果断，和暧昧是相反的意思。

在“以和为贵”的日本文化氛围中，日本人非常顾虑别人的想法，因此，合议制是做决定的一个重要手段。生长在这种文化氛围中的日本企业领导者，有不少人都没有意识到“做决定”是自己分内的工作。那位美国高管一语道破了这个问题。

团队成员经常会因为工作经验、权限以及信息的欠缺来找领导者商量、请示。这个时候，领导者必须要为成员做出一些决定。比如“这次请采取A方案”，“剩下的就交给我吧，我会去找××部长交涉”。

“嗯，我知道了”，“两种方案都很好啊”，“现在我很忙，不好意思”。领导者这样的回答，等于什么工作也没做。

领导者对团队成员做出方向性的指导，成员才会向前进。

如果在前进过程中，发现方向需要修正的话，那及时修正就可以了。但是，如果领导者担心自己的决定不正确，害怕承担失败的责任，不敢冒风险的话，那团队永远只能原地打转。这也是团队朝目标迈进的最大障碍。

请相信我，“不做决定的领导者，绝对是最差劲的领导者”。

带团队小贴士：

领导者要果断做决定，不要态度暧昧。

不要毫无理由地推翻自己之前说的话

一旦确定了工作的方针，就要全体成员一起上阵，将这一方针贯彻到底。工作一线的小决定，就交由团队成员自行判断，只要整个团队按照既定的方向前进即可。

在整个团队前进的过程中，有些事情是领导者绝对不能做的。其中之一，就是不可以毫无理由地推翻自己之前说的话。

比如，之前已经决定采取A方案，但随后领导者却发表与之矛盾的言论，或者说“我不记得曾经决定要采取A方案啊”之类的话。

领导者这样做的话，整个团队就会陷入完全停滞的状态。

而且，领导者毫无理由地改变主意，会让人觉得他在做决定的时候全凭意气用事，想起一出是一出。而团队成员肯定不愿意追随这样的领导者工作。

团队成员心中一定会想："虽然现在他做了决定，但过一会儿肯定会改的""领导做的决定都是一时兴起，我都不知道该不该听从他的指示了"。这样一来，团队成员在工作中会感到非常的迷茫，根本不知道该往哪个方向前进。

为了防止这种情况的发生，领导者的头脑中应该有明确的基本方针（目标、愿景等），并经常把它拿出来"反刍"，同时，还要反复在团队成员面前强调这个基本方针，让它成为整个团队的共识。

"根据我们的基本方针，当前情况下应该采取A方案"，"只要不和我们的基本方针发生冲突，现场的工作你们可以自己做主"……这才是团队领导者应有的工作姿态。

带团队小贴士：

总改变主意的领导会让队员觉得迷茫而缺乏动力。

如果一个团队没有"达成共识的基本方针"，那么即使领导者每次都能做出最为妥善的决定，团队成员也会对这个决定产生理解上的偏差。还会认为领导者是一个"容易头脑发热的人""心中没谱儿的人”“朝令夕改的人”，最终，产生“我们只是不得已才听命于他”的念头。

“以共有的基本方针为基础，坚持策略上的一贯性”，正是一个团队能够勇往直前的关键所在。

不要害怕“朝令夕改”

本小节的标题乍看上去似乎和前一小节矛盾，但实际上，领导者“朝令夕改”的能力也是团队前进必不可少的要素。

在瞬息万变的现实状况中，盲目地贯彻以前的方针，固执地坚持一贯性，反而会出大问题。

“改变”本身并没有什么不好，但“缺乏客观根据的改变”就是个问题了。国家的政治状况、经济状况、竞争对手、客户等所有围绕在团队周围的因素每天都在发生着变化。所以，想要带领团队取得胜利，领导者必须根据现实情况做出改变。何时坚持一贯性，何时“朝令夕改”，船舵就掌握在领导者的手中。

看到周围环境的变化，领导者经过分析，决定做出改变的时候，首先需要有充分的客观依据，然后要将改变的理由向团队成员

进行充分地说明，以使整个团队达成共识。

自己团队的方针做出了调整，势必会影响到相关部门和团队的工作，所以，这个时候必须与他们进行充分的沟通，让他们做好应对变化的准备。一定要避免因自己的改变让别人措手不及的情况，要是相关部门和团队说："你们什么时候改变了方针？我们怎么不知道？"那可就要出大麻烦了。

再多说一句，**领导者改变方针，难免会让团队成员感到迷惘，成员的迷惘期越短，对团队的发展越有利**。所以，当领导者捕捉到改变的征兆时，要预先对未来可能出现的情况做出判断，然后及时与团队成员进行沟通，让他们提前做好各种准备。这才是率领团队不断前进的窍门。

拿我来说，当我要做出某项改变的时候，会提前给成员们"打预防针"。

"前段时间决定的A方案，近期可能有修改的必要。适当的时候我会通知大家，请大家提前做好各项准备以迎接改变。"

这样一来，对于领导者的"朝令夕改"，团队就可以比较顺畅地做出反应。

带团队小贴士：

改变主意并不是完全不行，只要不是频繁的，而且有合理的依据。

“应该做的事情”与“想做的事情”

领导者在带领团队向前迈进的过程中，对于工作要从两个方面进行思考：

（1）团队“应该做”还是“不应该做”；

（2）团队“想做”还是“不想做”。

根据公司、上级部门的方针或客观事实，应该按照（1）的方式来对待工作。而根据领导者和团队成员的意图来对待工作，那就是（2）的方式。最理想的状态当然是“应该做的事情”正好也是“想做的事情”。这个时候，领导者只需把精力集中到如何带领团队实现目标即可。而且，在这种状态下，对于“不应该做的事情”和“不想做的事情”，根本不用费心去考虑，所以做决策也会简单很多。

而真正考验一个领导者能力的时候，是团队“应该做的事情”大家“不想做”的时候。工作中常会遇到因为业绩不佳而需要裁减团队成员，或者因为未达到目标而必须撤出某个市场领域的状况。这个时候如果领导者和团队成员都感情用事的话，不做“应该做的事”，而一直坚持自己“想做的事”，那整个团队的未来就危险了。

遇到前面那些情况的时候，整个团队从上到下都不想放弃，这种心情我非常理解，也许再坚持一下就能见到胜利的曙光呢。如果这是个人行为的话，那么继续坚持下去，我认为是一个不错的选项。但是，**当整个团队在前进的过程中遇到上述情况的时候，领导者就必须用冷静的头脑，做出冷酷的选择。还要晓之以理，动之以情，在服团队成员，让他们理解“长痛不如短痛”，暂时的后退，是为了将来更长远的进步。**

带团队小贴士：

对于领导者，认清“应该做的事情”，比知道“想做的事情”更重要。

那么，如果一个领导者“想做”“不应该做的事情”，又把它强加给团队成员身上，结果会怎样呢？姑且不谈领导者“想做的事情”超出了法律、道德的范围，即使合法，也违背了公司的意图和利益，从长远看必定会给公司带来损失。而且，领导者把自己想做的事情强加在团队成员身上，也是滥用职权的一种表现。

把团队带领到何方，全看领导者的水平。

让标志性的语言深入人心

不知道算是幸运还是不幸，我二十多岁的时候，曾经几度跳槽，在好几家企业工作过。每当我加入一家新公司，也许是因为新鲜刺激比较多的缘故，我都会兴味盎然地观察新公司里的各种情况。

其中一家公司给我留下了深刻的印象，因为从董事到中层管理人员再到年轻职员，我遇到的每一个人有事没事都会以**“用社长的话说……”“这就是社长所期望的……”**的形式引用公司的领导者——社长的话，**和社长用同样的语言**。

那家公司，职员的工作意愿强烈、大家很团结，是一个气氛明快的公司。而且，在实际业务中也不断创造出令人刮目的好成绩。

很多组织都有自己标志性的语言。而且，我见过的大多数企业也都有自己标志性的语言。

但光有标志性的语言还是不够的，关键问题是这些标志性的语言能在多大程度上**渗透**进职员的内心。而且，领导者是否会有意识地将这些标志性的语言挂在嘴边，对团队成员也会造成很大的影响。领导者有事儿没事儿就重复说的话，会逐渐渗透到团队成员的心里。所谓的“有事儿没事儿”，是指包括**会议**、**日常对话**、**制作资料**等在内的各种情况，都要有意识地向团队成员传播这些标志性的语言。

多比较一些组织就会发现，**那些充满活力、成员努力工作的组织，肯定是全体人员都有一个共同的标志性的语言，而且这个标志性的语言已经深入每个人的内心。**

回过头来看一下“二战”后的日本历史，政府曾经提出过不少标志性的语言，比如“战后复兴”“收入倍增”“改造日本列岛”等。先不管这些标志性的语言内容是否正确，但至少让日本国民团结一心，为了一个共同的目标而努力过。

由此可见，一个深入人心的标志性的语言，对于增强团队的凝聚力、提高工作效率，是非常有效的。

带团队小贴士：

口号的作用是巨大的，能提高效率、增强凝聚力……

培养一支有主动性的团队

在团队体育项目中，一个团队有明确的目标那就是“胜利”，然后每个队员会各司其职，在比赛场上相互配合，为了取胜而拼命努力。

体育比赛，结果总有胜负之分，胜利的队伍当然欢欣鼓舞。但大家共同努力拼搏之后，即使失败，同样也会有一种畅快淋漓的满足感。团队成员之间相互配合、主动进攻的姿态，让自己感到无愧于心，也让同伴感到彼此值得信赖。

但是，在工作中，情况就不一样了。

团队中总有些人会依赖于别人，在领导者做出指示之前，他们不会主动投入工作，这样的光景在日常工作中随处可见。这绝对是一种负能量，也会降低团队整体的工作效能。如果在一个团队中，总是由领导者或一部分成员在前面带头，而其他成员跟在后面随行，那么，这群人结成团队在一起工作就没什么意义了。最终，整个团队做出的成果也不会超过领导者个人的能力范围。

如果想让团队上下拧成一股绳，共同进退的话，那么在平时，领导者要锻炼团队成员自己思考、自主行动、主动出击的习惯。如果连一举手一投足都需要领导者作指示的话，那团队成员岂不是成了领导者手中的木偶？

在日常工作中，如果团队成员来找领导者进行报告、联系或商谈，领导者应该以“你是怎么想的？”“如果是你的话，你会怎么做？”“你希望我做些什么？”等询问方式引导团队成员自己思考。即使对方是经验不足的年轻成员，同样也要培养他自主思考的习惯。自主思考、主动行动的职业素养，要从年轻时开始培养。

带团队小贴士：

引导队员主动思考、主动行动是打造超能力团队的开始。

只要是团队成员主动采取的行动，哪怕结果失败了，领导者对于他自主行动的精神也要加以表扬。甚至，团队成员有点儿“自作主张”，才是刚刚好的状态。

只要在团队理念和价值观允许的范围之内，就应该放手让团队成员按照自己的想法自由去行动，一个优秀的领导者应该具备这样的勇气和胆识。

一对一地对话

领导者带领团队朝着目标奋勇前进，在这个过程中，领导者与团队成员之间的沟通交流是必不可少的。

也许有的领导者会认为，平时，自己和团队成员通过工作已经进行了很多的交流，没有必要再进行过多的沟通了。但实际上，团队成员在烦恼些什么，他们有什么样的愿望……很多问题不通过专门的交流是领导者很难把握的。

虽然领导者和团队成员在一起相处的时间很长，但相处时间长并不一定等于交流足够充分。虽然经常会在一起开会、一起聚餐饮酒，但这种场合都是众人一同参加，成员个人关于自己职业前途的迷惘、职场人际关系的烦恼等问题，是很难在同事在场的情况下向领导者倾诉出来的。

就我个人而言，我会尽量在工作时间内创造机会与团队成员进行一对一的交流。

在一对一交流的时候，我可以充分了解到团队成员个人在工作中的问题、人际关系上的烦恼、对未来的职业规划等情况。而且，如果对方需要的话，我还会为他们提一些适当的意见和建议。如果需要整个团队来帮忙的话，那就让整个团队做出反应。这样不仅可以帮助对方，也可以让我获得工作一线的重要情报。

另外，面对面的交流，还能让领导者通过对方的表情、动作等了解到对方更多的信息，表情、动作等表达的信息有的时候是语言难以表达的。

我希望领导者能够定期地和团队中的每一位成员进行一对一的交流。如果领导者只和自己喜欢的团队成员频繁交流的话，首先会造成不公平的问题，其次还会出现“偏听则暗”的情况。所以，只要团队规模不是特别大的话，就要为每一位成员提供单独交流的机会。而且，不能心血来潮的时候找人交流一下，过了兴头，就又把这事儿抛在脑后了。一定要定期进行。

带团队小贴士：

和队员一对一地交流，总能获得一些平常交流得不到的信息。

领导者在和团队成员一对一的交流中，经常能发现一些不曾想到的新课题，或者了解到成员平时不为人知的一面，这些信息，对于整个团队的进步都是大有好处的。所以，请领导者一定要安排好时间，与团队成员进行一对一的交流沟通。

间接地驱使别人

想要驱使团队成员做某项工作，带领整个团队前进的时候，有两种方法：一种是直接指示成员工作；另外一种是通过其他人间接地驱使成员工作。很多情况下，间接驱使别人的方法更加有效。

特别是当领导者亲自出面会影响自己与团队成员的人际关系、力量平衡的时候，通过别人间接地驱使别人，是更好的选择。

举例来说，有些团队成员逆反心理比较强，如果领导者亲自对他发号施令，他可能产生抵触心理，反而南辕北辙。但是，如果是同辈的同事或更年轻的新人拜托他们做某项工作的时候，他们倒是会欣然接受。也有的人对于领导者的指示置若罔闻，而对于同乡、同学的请求，则一求百应。

我年轻的时候，曾经在一名高层管理者手下工作，那时，我就曾代替他当过基层职员的“出气筒”。基层职员对上层领导的怨气，全都发泄到了我身上。现在回想起来，那位高管就是利用我来间接管理下面的员工。

因为有些牢骚话基层职员不可能直接向高管倾诉，而对于我这个年轻人，倾诉起来就方便多了。而高管对下面的职员若直接发号施令的话，年轻职员可能会听，但资历深的老职员可能不会那么顺从。可是如果通过我这个年轻人的嘴来拜托那些资历深的老职员，他们就不好意思推托了。

我学会了这种领导技巧之后，在我自己当上领导者之后，也经常实践它。

带团队小贴士：

让队员委托队员去工作，有时候比自己直接委派更有效。

带领一个团队很长时间之后，团队成员都变疲沓了，也就是俗话说的变成了“老油条”。他们按部就班地工作，缺乏创新、上进的热情。这个时候，就需要给团队注入一些新鲜血液了，对于新加入的年轻成员，我会把他们培养得尽量“狂野”。当把野性十足的年轻成员放到工作一线之后，在团队中自然就会掀起一场自下而上的变革。在2011年3月11日东日本大地震时代进入公司的年轻人，如今正在各个岗位上施展他们的活力和冲劲儿。

不直接表达自己的意图，而是通过合适的人以合适的方式间接地发号施令，这也是团队领导者必须具备的技巧之一。

无关紧要的事情妥协也无妨

留心观察一下您就会发现，有的时候，团队成员之间的争论，经常会脱离原来的目的，为了无关紧要的事情争论到白热化的地步。

实际上，在这种情况下，争论的起因大多是表达方式或态度的问题，争论的目的无非是保护自己的面子。先举个例子：

A君：“我才看到这份资料，内容还没来得及浏览。”

B君：“不可能啊，我上周二就用电子邮件把这份资料发给你了。”

A君：“我没有时间查看邮箱。上周二一整天我都在外面办事。而且，发那么重要的邮件，你至少应该给我打个电话通知一声啊，这是最基本的礼貌吧。”

B君："我都收到你的查收回执了，说明你已经收到了邮件……"

这样的争论，是毫无意义的。双方各持己见、争论不休，对于工作的进展没有任何帮助。所以，为了带领整个团队向前迈进，并保持团队内部的团结，此时就需要领导者出面仲裁。不过，这时领导者所该做的工作并不是查明事实真相，也不是认定谁是谁非。

谁是谁非，此时并不是最重要的事情。如果领导者在场的话，就不应该让A、B二人的对话发展到争论的地步。当B君说"不可能啊，我上周二就用电子邮件把这份资料发给你了"的时候，领导者就应该介入，对B君说："原来是这样啊。那么B君，你能不能现在再把要点跟我和A君说明一下？"把双方的视线引向前方，这样一来不仅可以推动工作的进展，还能平复两人心中的不满情绪。

带团队小贴士：

忽略不紧要的事，推动事情的进展是领导智慧的一种。

如果您是当事者，当您受人挑衅或被人误解的时候，也会很想争个你错我对。这时，**不用多费口舌进行辩解或说明真相，用一句**

“啊，是这样啊”敷衍过去就算了。

曾经有一位人情练达、精于世故的人说过：“世间之烦恼，基本上都可以用‘是这样啊’‘原来如此’来一笑化解。”因为对于无关紧要的事情，我们实在没有那么多时间去较真。

细枝末节的小问题不必一一指明

处理细枝末节的小问题，也能体现出领导者的能力。以团队成员制作的文件中存在错字、漏字为例，如果领导者发现后，一一指出的话，我认为是不可取的。工作中的“细节决定成败”，这句话我非常赞同，但是，为团队成员一处一处指明细枝末节的小问题，却不是领导者该做的工作。

在别人看来，把琐碎的小事当大事，将团队成员的小错误一一指明的领导者，胸襟不够宽广，不是值得信赖的上司。

发现小问题的时候，领导者该做的事情是提醒团队成员工作细节的重要性，然后采取相应的对策，防止问题再次发生。

千万不要一处一处地把问题指给部下看：“看！这里错了，这里也不对……”也不要用红笔去订正文件中的错字、漏字。应该对成员说：“回头请检查一下文件中的错字。”如果这项工作是几名成员协同在做的话，可以任命其中一人“你负责最后检查”。

领导者一一指出错误，与指定一个人整体检查相比，从结果上来看，似乎并没有什么差别。但实际上，二者之间的差异可以用天壤之别来形容。

领导者为部下一一指出错误，要花费很多时间不说，还会助长团队成员的依赖性。有些成员会想：“反正上司还会仔细地检查一遍，我就不用那么仔细了。”结果，不但不能防止错误的发生，还会起到反作用。工作的细节固然重要，但只要是部下能做的，就应该尽量交给他们做。

一位领导者，要让自己的团队成员明确地认识到“这个层次的责任，应该由自己担负起来”。而领导者也应该把自己的时间用在更有价值的工作上。

带团队小贴士：

把问题一一指给队员看，显得没有胸襟不说，还会让队员产生依赖。

常说“咱们”“我们”

只有上下同心、所有人拧成一股绳的团队，才具有强大的前进动力，这股动力才能持久。当然，在日常工作中团队内部难免会出现意见分歧或感情冲突等小问题。如果是一个团结的团队，可以迅速将这些问题吸收、化解。也就是说，团结的团队具有超强的恢复、修复能力，可以让团队始终在正确的轨道上快速前进。

在为团队成员营造集体感的时候，我经常使用“**咱们**”“**我们**”之类第一人称复数的称谓。这个方法虽然没有什么技术含量，但却非常有效。

举例来说，当我向客户介绍本团队的策划书时，虽然策划书是某个团队成员制作的，但我在介绍的时候会用“我们的策划书”，讨论的时候我会用“我们不这样认为……”之类的表达方式。这样说，可以提高团队成员的集体意识，认识到这是“大家的工作”。

领导者使用“我们”“咱们”之类的表达方式，会让团队成员，尤其是新加入团队的成员和资历较浅的年轻人格外高兴。

再举个例子，**原本应该使用“你”“你们”等第二人称称谓的时候，如果使用“我们”“咱们”的话，增强集体意识的效果更好。**

比如，当几个成员共同承担一项工作的时候，如果领导者要对工作做出指示，不应该说：“你的这项工作……”而应该说：“咱们的这项工作……”是不是给人的感觉完全不一样了呢？

如果领导者使用第一种说法，那么首先，团队成员会感觉到这是分配给自己的工作，主人翁意识就会降低；其次，感觉领导者把自己放在了对立面的位置上，这样自己也有反驳他的余地。但是，如果领导者采用“咱们的工作”这种说法，成员更容易把工作当作自己的事情，而且感觉自己和领导者站在一个战壕里，不会产生抵触的情绪。

带团队小贴士：

“我们”“咱们”这样的词有着巨大的团结队员的魔力。

领导者在团队中如果能够有意识地多说“我们”“咱们”，那么团队的气氛肯定能为之一变。而且，成员们也会渐渐地使用“我们”“咱们”的说法。整个团队就会高度团结起来，向前迈进就变得轻松多了。

领导者不能脱离现场

当上领导者之后，随着地位的提高，有些人就容易脱离工作的第一线。

最近十分火热的一部电视剧——《跃动大搜查线》中有一句很经典的台词："案件不会发生在会议室中！而是发生在现场！"在工作中，一切的真相都在第一线。

有的领导者认为自己地位升高，不能再去工作现场，因为那样有失身份；也有的领导者认为自己不去工作现场也罢，自然会有人把情况汇报上来。可是，这样的领导者所带领的团队，一定会出现问题。总之，领导者绝不能脱离工作现场。不过，话虽如此，若只是去工作现场巡视一圈，也没有什么益处。领导者必须带着明确的目的，到工作现场去了解情况、调查研究。

也有人认为，领导者频繁地到工作现场视察，也是很有意义的，而且多多益善，其实也不尽然。鸣锣开道、红毯铺地、夹道欢迎式的视察，反而会给一线的工作人员增加负担。因为他们要花时间和精力提前做准备。我认为，所有团队成员都不希望领导者亲临现场的视察仅仅停留在“激励大家工作”的层面上。

有一次我去一家银行办事，我刚坐到接待窗口前的椅子上，突然听见有人喊了一声：“欢迎总经理大驾光临！”随后，银行里的所有工作人员都应声起立，向那位大摇大摆走进来的总经理行礼。当时我就想，为了迎接总经理的现场视察，所有工作人员都要暂时放下手中的工作，把顾客“晒”在一旁。这不管是对银行工作人员来说，还是对顾客来说，都是一件很不舒服的事情吧。

带团队小贴士：

突然造访，看最真实的工作现场，对领导者还是很有必要的。

还有一次，我到银座的一家知名快餐店就餐，结果发现快餐店的总经理一个人站在角落里观察店内的各种情况，他身边一个随从也没有。而店里的员工也假装没看见总经理，照常工作着。我敢断定，总经理肯定是经常以这种不打搅员工工作的方式来店里视察。

被“粉饰”过的现场，看了也没有任何收获。所以，一名领导者要想带领团队大步前进，必须从平时下功夫，以正确的方式到工作第一线了解情况。

不要“辩解”，而是“解说”

在领导者带领团队前进的过程中，难免会出现不顺利的情况，甚至是挫折、失败。此时，领导者应该及时总结经验教训，给团队成员一个交代，这样做，可以有效防止同样的错误再次发生。

帮团队成员分析失败的原因，作为经验在团队中共享，这也是领导者的重要工作之一。不过，在为团队成员解说事件经过、分析问题原因的时候，不能让别人觉得你是在“辩解”。

为什么遇到错误时，人容易为自己辩解？因为想让别人知道“自己其实可以做得更好”。但是，辩解只会让听者很不舒服，甚至产生反感。人们会认为，做辩解的人只是一个虚荣心很强、没有足够的器量面对未来的人。

但我也不是说犯了错误后就完全不能分析错误的原因和导致失败的主客观条件，毕竟，话不说不明嘛。

只不过，在说话的时候要注意技巧。

首先，对造成失败的主客观原因进行分析解说。接下来的第二步是关键，它将成为“辩解”和“解说”的分界线，那就是具体说明今后该采取的行动。

在谈今后应该采取的行动时，有一个要点就是领导者一定要说明自己应该采取哪些行动。

具体比如“这次失败的主要原因是……A君和B君今后应该在××方面多加注意。而我也应该在××方面改善自己的工作方法，以防类似情况再次发生”。

可是如果领导者这样说：“我本来的意图是××，A君和B君今后应该在这方面多加注意。”在别人听起来就是彻头彻尾的辩解和推卸责任的表现。

请您记住，**逃避责任的领导者，是没有人愿意跟随他的。**

带团队小贴士：

团队失败后，领导者要做到不辩解、不推卸责任。

尽量将工作程序化

团队领导者的人选不会是一成不变的，因为人事调动的缘故，可能经常会出现换领导的情况。领导者的作用是带领团队成员创造新价值，可是，如果每当换领导者之后，团队的体制、策略也随之改变的话，那么好不容易建立起来的前进阵形，可能就要推倒重来，使前进的速度大为减慢。从团队成员的角度来说，更换领导者后如果改变原本习惯的工作方向、内容、方法，也会出现跟不上节奏的情况。

即使继任的领导者承诺“短期内我们会沿用前任领导者制订的体制和政策”，但后继领导者若非从本团队中提拔起来，而是从其他部门调任而来的话，即便他想继承前任领导者的衣钵，也绝非易事，因为毕竟他不了解前任领导者所做的一切。

为了防止这样的事情发生，领导者在位的时候，就应该有意识

地将团队的工作程序化。争取做到：即使自己不在，整个团队也能按照自己建立的体制、制订的策略继续前进。另外，程序化的工作模式还有一个好处，当有新成员加入的时候，他对新工作能够很快上手，尽早发挥出他的价值。

具体做法是：领导者应该将自己建立的体制、制订的策略，在团队内部以文件的形式分享，而且，工作的程序也要尽量文字化，让所有团队成员都能牢记在心、落实于行动。（文件中还要注明建立该体制、制订该策略的原委，以及制订时间和有效时期。）领导者在调任离开之时，还应把自己在位期间的工作经历以及来往邮件公开。

这样一来，即使更换领导者或有新成员加入，他们也能迅速了解这个团队的整体情况，新领导者不用将一切推倒重来，新成员也不用从头一一学起。可以说，他们虽然是后来者，但是可以很快跟上团队的步调。 不用为旧体制、旧策略再进行过多的研究、讨论，节省下来的时间可以用于创造更多的新价值。

在领导者更替的时候，如果团队成员感觉就像什么也没发生一样，那可以说是前任领导者的成功。而将自己的团队打造成这个样子，正是一名领导者应做的工作。

带团队小贴士：

将工作程序化，领导者不在的时候，团队工作也能像领导者在的时候一样顺利推进。

第六章

给队员的干劲儿点一把火

一旦队员找到了自己前进的方向，领导者在鼓励他们“为了理想而努力”“像个斗士一样去战斗”的同时，也要承诺做他们强大的后盾，让他们没有后顾之忧地战斗。

让团队成员安心

在当今的日本年轻人之中，有一部动画片堪称团队合作与领导能力的教科书，那便是《宇宙兄弟》。片中的主人公有一句著名的台词——“理想的领导者，能够带给我们安心感和兴奋感。”我认为这是一句至理名言。确实如此，试想一下，在一个团队中如果不能感到安心，那么团队成员怎么可能有心思工作呢？更不用说什么工作积极性了。

领导者让团队成员感到不安的言行主要有两种。

第一种是领导者用降职或解雇来威胁成员；第二种则刚好反过来，领导者缺乏自信，在团队成员面前唯唯诺诺。

如果一名领导者让自己团队的成员感觉到“不知道什么时候他

就要解雇我”或者“虽然他表面上对我还说得过去，但他心里肯定认为我不怎么样”，那就说明这个领导者当得很失败。因为在这样的领导者手下，成员根本没有心思好好工作。

即使领导者心中并没有这样的想法，但只要没有和团队成员之间建立起巩固的互信关系，那么不知什么时候，成员也会因为一些小事儿认为自己不受领导者重视而感到不安。比如“刚才在电梯里，领导都没理我”“我发给领导的邮件，他都不回复我”等。

在事态发展到这一地步之前，领导者应该明确地向团队成员表达自己对他们的信任和期待，比如“我绝对相信大家的实力”“我们要以现有的战斗力一直拼到胜利”，以使成员们安心。

另外，领导者还必须具备强大的心理素质和一定的表演技能，当遇到突发事件或不利状况接连发生的时候，虽然领导者内心也会感到不安，但绝不能在团队成员面前表现出来。

带团队小贴士：

让队员同时有安心感和兴奋感，是领导者应该争取做到的。

举个例子，有一次我乘坐飞机的时候，因为遇上气流的缘故，飞机猛烈地摇晃起来，我心中感到一丝恐惧，于是想向乘务员询问一下当前的情况。可是，当我看乘务员的时候，也许是受过专业训练的缘故，她们个个都很淡然，面带微笑地继续为乘客服务。看到这个情景，我的内心就安稳了很多。

对于团队成员来说，领导者就应该是一颗定心丸。

安心感，是提高工作积极性和发挥能力的大前提。

关心自己的成员

“爱的对立面不是憎恨，而是漠不关心。”这是特蕾莎修女（Mother Teresa of Calcutta）的一句名言。确实如此，团队的领导者对自己的成员也不可漠不关心。

不管发生什么样的事情，领导者都不能不喜欢自己的成员。

而且，和谈恋爱不同，领导者对成员付出的爱，还不能要求同等的回报。“我这么照顾你，你却……”这样的想法是领导者的一厢情愿，只能束缚成员的手脚。

所以，领导者对成员的喜爱之情，也不能过于强烈。因为过于强烈的话，就容易过度干涉成员的思想和行为。过度干涉只能妨碍成员在职业道路上的成长。我就曾亲身接触过几位年轻的领导者，因为他们对自己成员的感情太好，所以对成员充满了期待，于是会对成员的行为进行过度的干涉，或者要求成员以同等的感情回报自己，结果反而让成员离自己而去。

其实，我也经历过类似的失败，所以我从中学会了适度的关心。当初因为我对团队成员的感情太好，期望他们能以同样的感情对待我，结果常常品尝“被辜负”“他们背叛我”的苦果。经过深刻的反思，我转念一想“每个人都有背叛的权利”，于是心中的一块大石才总算被搬走。

拿我来说，在职场中和团队成员交流感情的方式，主要以平时不经意的聊天为主。

谈谈家人、兴趣爱好、家乡等轻松的话题，对方也容易对我的谈话做出回应。而且，也无须专门抽出时间进行交流，一起吃午饭的时候，下班回家的路上，都是聊天的好机会。

您可别小看平时随意的聊天，我们可以了解对方的思维方式和感知方式。当然，我们自己也要敞开心扉，把自己的事情告诉对方。这样一来，双方可以找到彼此的共通点，开阔各自的眼界。结果，**自己和团队成员之间就慢慢建立起相互信任的关系，成员的积极性也一点点表现出来了。**

带团队小贴士：

要关心队员，而且要适度。

不可背后说人是非

在领导者位置上的人，绝对不可在背后说人是非。不管是自己团队成员的是非，还是其他人的是非，都不可随便说出口。

即使领导者是客观的评价，只要是不良的评价，就容易被人理解为“背后说人坏话”。这种行为百害而无一利。

为什么这么说？因为在听者绝对不会产生共鸣。听了别人的坏话还说，“嗯，确实如领导所说，那个人就是不行”或“领导你批评得太对了”，这样的人首先不是一个正直的人，还有阿谀奉承之嫌，一个英明的领导者绝对不应该把这样的人拉入自己的团队。听领导者说别人的坏话，一般人的心理活动是：**“说不定我不在的时候，领导也会这样说我的坏话呢。”**

而且，**这些话迟早要传到当事人的耳朵里**。您可以想象一下，当得知领导者在背后说自己的坏话时，谁还有心情工作啊？

也许，那个人身上确实有缺点。尽管如此，作为领导者也不能在背后向别人评论他的缺点。即使评价得再客观，也会毁了领导者的名声，被看作“背后说人是非的人”。如果，那个人身上的缺点确实需要改正的话，领导者直接找他当面说清就好了。

如果领导者背后评价团队成员的缺点，第一，早晚会传到当事人耳朵里，结果极大地打击当事人的工作积极性；第二，也会损坏领导者在众人心目中的形象。总之，没有什么好的结果。要说这样做有什么好处的话，恐怕唯一的好处就是领导者发泄了自己心中的牢骚。可是，如果领导者心中对某个成员怀有不满的话，完全可以通过其他途径加以发泄。

“对别人的不满要吞进肚子里”，这是当一名优秀的领导者必须坚守的钢铁一般的原则。

带团队小贴士：

在背后说队员坏话是损人损己的。

点燃队员的激情

活在世间的每一个人心中都有“想比现在更好”的念头。

听我这么说，肯定会有人提出异议，还会举出一些反面例子：“话是这么说，但也有不思进取的人，比如××就是一个例子。”我可以断定，这是100%的错误观点。每个人的内心深处肯定都有进步的愿望，即使他本人嘴上说：“我已经不想再进步了。”

如果您是一个团队的领导者，您感觉自己成员的工作积极性不高的话，其实说明您没有点燃他们的干劲儿。

当人发现自己的理想与眼下的现实之间存在一条巨大的鸿沟，而这个鸿沟看起来难以逾越（或因为鸿沟太宽而想放弃理想）的时候，他们心中理想的火苗就会越来越小。长此以往的话，理想的火苗就会熄灭，人也就显得越来越没有气力，体现在工作中就是“当一天和尚撞一天钟”地混日子。如果发展到了这样的地步，再想帮他们燃起希望之火，可就要费一番工夫了。

那么，到底该怎样帮意志消沉的成员点起一把希望之火呢？

领导者最先应该做的是让成员找到自己前进的方向。

“梦想”“理想”“目标”“职业规划”……甚至“妄想”，什么都可以，领导者首先应该引导成员找到自己前进的方向。也许一开始最终的目标并不那么清晰，这并不重要，重要的是有一个目标。在朝着目标前进的过程中，随着经验的积累，目标就会渐渐呈现出轮廓，然后细节也一点点清晰起来，最后，一个完整清晰的目标就会出现在眼前。如果成员本人在前进的过程中，感觉“似乎哪里不太对劲儿”，到时再修正路线，或修改目标就可以了。虽说目标越清晰越好，但最初为了激发干劲儿，目标只是一个大体方向就足够了。

一旦队员找到了自己前进的方向，领导者在鼓励他们“为了理想而努力”“像个斗士一样去战斗”的同时，也要承诺做他们强大的后盾，让他们没有后顾之忧地战斗。

只有这样，成员才能产生上进的欲望，工作积极性才会提高。

带团队小贴士：

把队员的梦想、理想、目标……和他的工作结合起来，他们的热情就会被激发出来。

帮成员把握方向

当成员有了自己的目标，并朝着目标开始努力的时候，很容易落入意想不到的陷阱中。

将自己的热情用错了方向，就是陷阱之一。

什么叫将热情用错方向呢？举例来说，比如未加深思熟虑，贸然辞职，再比如，打着提高业务水平的旗号，做一些与本职工作无关的工作等。落入这样的陷阱之后，人就会迷失自己，结果反而忘了当初要去的方向。实际上，我20多岁的时候，就曾犯过类似的错误，频繁地跳槽让我不知道自己真正想要做什么。

领导者应该耐心地教导自己的成员，告诉他们每天在自己的本职工作上下苦功夫，做到精益求精，才是实现目标最近的道路。

现在，即使仅仅是制作一份Excel表格，也可能对将来实现“创业的梦想”有很大的帮助。

因为在短时间内制作一份清晰明白、令别人一目了然的Excel表格，也是一种能力锻炼，以后在制订商业计划时，可能用到这种能力。而且，将来当这个人走上领导岗位，带领团队之后，他也可以把自己制作Excel表格的技能传授给自己的成员。

也有一些领导者，对于迷茫的成员会用一套欠缺理论性的语言来说服，比如说：“你要坚持下去，总有一天会有转机出现。所以，现在你一定要忍耐，继续把工作做下去。”说到底，这只是一种感情上的煽动，不但不能帮当事人化解心中的迷惘，还会助长其烦恼。听到领导者这样对自己说，成员心中肯定多少有些难过，“唉！看来领导真的不能理解我的烦恼。”

带团队小贴士：

只对队员做感情煽动还不够，要结合实际工作解说。

领导者应该做的是把当前的工作能为成员未来的目标带来什么样的好处，帮他们分析清楚。领导者通过合理的工作分配，让成员积累小的成功经验，从而逐渐成长起来。当他们真正感觉到自己朝目标靠近的时候，工作热情就会被激发出来，并长久地保持下去。

唤醒了心中的热情，并真实感受到自己正在成长的人，更容易释放出体内的能量，发挥出个人的能力。这样便进入了一种良性循环，成员实现飞跃性成长指日可待。

与“说”相比，“听”更重要

以前，我曾经看过一个公司的员工满意度调查表，其中有几个数据令我印象深刻。首先，关于“您对上司与员工的交流频度是否满意？”的问题，回答“满意”的员工占大多数。但另一方面，关于“上司是否倾听员工的心声？”的问题，回答“是”的员工却很少。

从这组数据中我们可以看出，尽管“上司与员工交流得很频繁”，但“上司却不愿倾听员工说话”。也就是说，交流的过程中，完全是上司一个人在说话，这也就是所谓的单向交流。这样肯定会招致员工的不满。

从职责分工上来看，领导者所拥有的权限肯定比团队成员要大。而且，因为领导者的工作经验相对丰富、所掌握的信息也比成员多，所以领导者想说的话也就比较多。因此，容易造成只说不听的单向交流。

即使成员心里有话想对领导者说，但如果领导者一直喋喋不休说个没完，不给成员说话机会的话，成员也只有沉默不语。当然，成员还得装作领会领导者意图的样子，不住地点头附和，最后等领导者说完还要表示感谢。可是，他们内心肯定会产生不满，心想："领导根本不听我说话。"

越是对工作充满热情的领导者，越容易忽视倾听成员的心声。所以，领导者应该有意识地控制一下自己想说话的欲望，多留出一些时间给员工，让他们有机会把心里的话说出来。

其实，领导者仅仅是倾听，就能提高成员的工作干劲儿。

以前，我也有说话过度的毛病，所以很理解让领导者克制自己说话的欲望并不是那么容易。但是，为了激发员工努力工作的热情，开会也好，一对一交流也好，领导者应该尽量减少自己说话的时间。

带团队小贴士：

对于领导者来说，"听"的作用远远大于"说"。

大胆地把工作交给团队成员

越是工作积极性高、前途有望的团队成员，越想按照自己的方式进行工作。假如您是一名领导者，而您非常幸运，身边有几个这样的成员，那我想您应该多把工作交给他们去做。这样一来，您就有时间从事附加价值更高的工作，或者为那些需要帮助的成员提供必要的援助。

也许有的领导者会说："我身边没有能让我放心的成员，哪项工作也不敢完全交给他们。"如果是这种情况，那么大部分问题是出在领导者自己身上。

这和教育孩子是同样的道理。孩子长到一定年纪，对于某些事情他们会想："如果让我自己做的话，我一定能做好，我很想自己做。”可有些家长总是担心：“孩子还小，让他自己做太危险了，还是我们帮他做吧。”结果，就剥夺了孩子体验和挑战的机会，让他们难以成长。

在家庭教育中，家长的过度保护，可能招致孩子的抵触或反抗。但在一个工作团队中，成员不可能直接反抗领导者，不平不满只能往肚子里面吞，结果导致成员的士气一落千丈。

用长远的眼光看，为了防止这种情况的发生，最好的办法就是领导者鼓起勇气，大胆地把工作交给团队成员来做。随后，领导者如果放心不下，可以适当提高检查工作的频率，或者留出充裕的时间帮助成员解决独立工作时遇到的困难。总而言之，只要不至于造成致命伤，领导者就应该大胆地把工作交给部下去做，即使失败了，善后工作也在领导者的能力范围之内。而且，这对于成员来说是不可多得的工作经验，对其成长大有裨益。

不过，**领导者也不能走向另外一个极端，不管三七二十一，把所有工作都分派给成员去做。**

在难易度、工作量、期限等方面，如果领导者将成员明显难以完成的工作交给他们，那只能是自找麻烦。再有，如果在委派工作的时候，如果领导者不对成员进行方针性的指导，不告诉他们工作的附加价值，那么领导者的存在价值就等于零。这样委派工作，也会打击成员的工作热情。

把工作委派给团队成员，领导者需要有相应的勇气，并承担起

相应的责任。如果成功的话，将大大激发成员的工作积极性。

带团队小贴士：

大胆把工作交给队员去做，是激发队员积极性最直接的方法。

不能总把团队成员当成长不大的孩子看待

在前一小节中，我曾用教育孩子的道理来分析激发成员工作热情的方法。但是，在工作中，领导者面对的成员都是成年人，所以不能把他们当成长不大的孩子看待。虽说领导者与团队成员之间存在上下级的关系，但领导者也要对成员保持一定的尊重。

即使领导者和一部分成员的私交非常亲密，但在工作中的交流，也不能表现出差异，要对所有成员一视同仁。

“喂，小子！”“小××”在工作中，如果领导者如此称呼团队成员的话，一瞬间，就让大家感受到这是对待朋友或孩子的态度。这样一来，成员无法感受到领导者对自己在工作上的期待，于是这也成为成员向领导者撒娇、献媚的主要原因。

领导者应该以成年人的态度对待团队成员，称呼不宜太过亲昵，说话也要使用正式语言，这是职场上的基本规矩。当然，这也并不是说在任何场合都一定要以礼相待，私下的场合，还可以轻松相处。

区分公私场合和成员建立良好关系，并不是什么难事。

以前，我曾经听一位政治家讲过一段有趣的逸事。那位政治家当时担任执政党的干事长。他说：

“大家可能都知道，大学的体育俱乐部中，等级制度是十分严格的，高年级学生永远是低年级学生的前辈，后辈要绝对服从前辈。我上大学的时候，也曾参加过体育俱乐部，当时对前辈尊敬有加。前段时间，有一位中央部门的局长来到干事长办公室找我，他一进门我就认出了他，他原来是我大学时代体育俱乐部的一位老前辈，还没等我说话，他抢先恭恭敬敬地说：‘干事长，请允许我向您汇报××。’汇报结束后，我们一起走出办公室，这时，他又恢复了私下交往时的笑容对我说：‘小××，什么时候有空一起去打高尔夫啊……’那位局长区分公私场合的合体态度，让我感到非常愉快。”

即使私下里是非常亲密的朋友，在工作场合上也要保持一定的紧张感，这样才能让成员始终保持较高的工作热情，也是良好关系持续下去的保证。

带团队小贴士：

即使对非常亲密的朋友，在工作场合也要严肃一点。

领导者要有不耻下问的勇气

一看到“不耻下问”的标题，可能很多领导者就会开始搔头，面露难色。确实，对于很多领导者来说，放低姿态，去向团队成员请教、商量，并不是一件容易的事情。

但是我觉得，作为一名合格的领导者，当自己需要帮忙的时候，或者想听取部下意见的时候，应该鼓起勇气主动去向成员咨询请教。

在一些人的“传统观念”中，领导者去向成员咨询请教，首先自尊心上就过不去，其次，领导者也担心被成员瞧不起，从而丧失威望。因此，他们绝对不会做“下问”之类的事情。

但是，这种想法有180度的偏差。

当领导者向成员虚心请教的时候，成员心里会怎么想呢？他们肯定会想：“领导很信任我嘛。”**当领导者信任自己的成员时，成员也会按照领导者的期望去努力。而当领导者再加上一句：“谢谢你！帮了我很大的忙。”成员的干劲儿就会一下子被激发出来，从而向更高的层次努力。**

长此以往，成员就会在努力的过程中提高自身的能力，成为真正值得领导者信任的“左膀右臂”。

当初，我年轻的时候，每当领导对我说，“河野，有些事情我想跟你咨询一下”“我想听听你的意见”，我都会感觉开心无比，因为我感觉到了领导对我的重视和信任。所以，这样的时候我总是强忍住内心的欢喜，装出一副严肃认真的表情，回答领导的问题。

如果您是一名领导者，对于自己抱有很高期望的成员，或者作为自己的后继者重点培养的对象，更应该多向他们请教、商量，而且，商量的内容也要更加有难度，机密性更高。尽量让对方感觉“我已经具备当团队领导者的实力”“如果我当了领导者，我应该……”拥有了这样的自主意识，还怕他们工作热情不够高吗？

带团队小贴士：

向队员请教并不是一件容易的事，但能让队员有自信、有干劲儿。

积极地将情报分享给团队成员

从职责分工上来说，领导者的地位相对较高，因此，领导者从公司、客户等各个方面获得的情报也要多于团队成员。而对于自己掌握的情报，领导者应该积极地将其分享给自己的成员。

情报充分的话，成员在工作中做判断才能更加准确，工作质量随之提升，工作强度也相应降低。从这些方面来看，分享情报，对一个团队来说是好处多多的。

但是，在这里我所关注的角度有所不同，我更加关注的是“信任成员，与他们分享情报”的行为，能给成员带来怎样的心理影响。

在以前的时代，领导者需要一手掌握情报，从而确立自己的地位。可是，那个时代已经一去不复返了。当时，领导者之所以要封锁情报，是因为搜集情报的渠道十分有限，获取情报不容易。

如今，随着互联网的普及，搜集情报的渠道多种多样，使搜集情报变得简单了很多。而现在很多公司运作的一个大前提就是情报公开。

现在，“如何将情报严密地控制在自己手中”已经不是领导者成功的关键。

在当今这个时代中，如果还有领导者死守着各种情报不愿分享给自己的团队成员，那么他的成员就会感觉到：“领导都不信任我们”或者“那个领导除了会保守秘密之外，似乎没有其他什么领导能力”。

而且，原本应该由自己的领导者公开的情报，可领导者却佯装不知，结果，还是从团队之外的人那里得到了这个情报。此时，成员们心里会怎样想？他们的工作热情肯定会一落千丈。

在这样的领导者手下，成员们根本提不起工作的欲望。

当然，情报的秘密程度也分等级，有些关系到企业或个人的机密，公开之前领导者需要仔细考虑，公开与否要视情况而定。

愿意与成员分享情报，是领导者信任成员的一个有力证明。

带团队小贴士：

和队员分享情报能增强互相的信任感。

激将法——赞美队员的竞争对手

微信的“赞”、微博的转发和评论数量等，可以用数量来显示评价，对于现在的年轻人来说，简直是动力的源泉。

这也许告诉我们，如今，已经进入了一个极度重视被人评价的“时代”。

由此，利用“人们极度重视被人评价”的心理，激发团队成员工作热情的方法也就随之诞生了。

举例来说，领导者在与成员一对一谈话的时候，可以**赞美被该成员视为竞争对手的第三者**，比如说，“××在××方面的能力非常突出”等。

听到自己的竞争对手被赞美，当事人大多会受到强烈的刺激，从而奋起努力。由此可见，与其直接指导成员“你该……做”，倒不如当着他的面赞美他的竞争对手，用这种方法点燃他心中的上进之火会更加有效。

我作为领导者，就曾用当众表扬某位成员的方法来激起其他人的斗志。表扬之后，我再看其他人，有的扼腕叹息，有的摩拳擦掌，有的说：“真不甘心！下次我也要加油！”激将法所带来的力量，和嫉妒还是有一定差别的。

这种力量可以产生出面向未来的行动，是一种鲜活的力量，而嫉妒只能停留在过去。

另外，领导者赞美第三者的行动，其实也是一种指示，指示成员应该朝哪个方向努力、该做什么、如何去做。

每个人身上都潜藏着这种鲜活的、积极向上的力量，不把它们激发出来，就是领导者的无能。

带团队小贴士：

用激将法是在激发队员向上的力量。

温和的说服胜于强迫

当过领导者的人可能有体会，总感觉一些成员在工作热情上不如自己，推他他不走，拉他他不动。

“我自己那么拼命地努力，可为什么他们不能像我一样努力，还拖我的后腿？”您是否也有过类似的感受呢？

但是，对于这样的现实，领导者应该有接受它的胸襟。用一句“现实就是如此”先让自己放松下来。

领导者和团队成员，所处的位置不同，看事物的角度自然不同，接收的信息也不同。

有一篇伊索寓言叫作《北风与太阳》。北风与太阳举行一场比赛，看谁的能力强，能让过路人脱下斗篷。北风越是用力吹，路人就把斗篷裹得越紧。然而，当太阳温暖地照耀时，路人因为闷热而不得不脱下斗篷。**这则故事的寓意是，温和的说服胜于强迫。如果领导者强硬地命令成员：“振作起来！”要求他们的工作热情达到自己的水平，肯定会让成员内心产生抵触心理。**

而且，有时候领导者会不经意地说“你们太懒散了”之类的主观判断，这也是应该尽量避免的。这样的斥责，不仅难以改善现状，搞不好还会带来反作用。

那么，到底该怎么做才能提高成员的自觉性，激发他们的工作热情呢？

我认为，**领导者首先应该做的是翻开自己的记忆，寻找到那些激发出自己工作热情的人和事。**

经过回忆之后，如果您得到的结论是“我的工作热情本来就很高”，那说明您反思得还不够，请再认真想一想。回忆起以前的上司、同事、朋友、学生时代的恩师、前辈、家人等，肯定能找到一个或几个让自己振奋起来的“某人”。

找到“某人”之后，回忆起当年他们激励自己的事迹。

接下来要做的就是把这个过程再重演到自己的团队成员身上。

带团队小贴士：

直接斥责是非常不可取的，温和的说服才有力。

即使成员失败了，也要给他们机会

我年轻的时候，曾经在工作上出现了一次严重的失败，那段经历让我终生难忘。

当时，公司组建了一个全是年轻职员的团队，让我担任团队领导者，带领他们负责一个项目。主要工作是为总经理提供经营上的建议。

该项目临近结束的时候，有一个报告会，我要向总经理和全体高层管理人员做汇报。为了准备汇报材料，我连续好几天工作到深夜，开会前一天更是彻夜未眠。可是，在报告会上我的头脑却是一片空白，连自己说了些什么都不知道。真是一场极其失败的报告会。

我当时心想："这下完了！在总经理和高管面前如此失态，恐怕我在这家公司也混不下去了。"第二天，我来到总经理面前道歉，可是令我意想不到的是，总经理却面带笑容地对我说："没关系，没关系，对你来说，这也是一段不错的经历啊。"还握住我的手说："喂，今后要更加努力哟，我很看好你的。"其他的高管也都附和着说：

"没什么大不了的，不用放在心上，这也是难得的经验。"

当时，大家都如此宽容地对待我，我心想，他们只是表面上安慰我吧。但后来，经过细细反思，我体会到确实如上司们所说，那次失败真是一次"难得的经历"。

从那以后，上司们不仅没有因为我的失败而轻视我，反而还分配给我一些更加重要的工作，让我"戴罪立功"。而从我的角度来说，心中谨记上次失败的教训，以百倍的热情和努力投入到新的工作中去，以回报上司们对我的期待。

那次失败的经历，是一个鞭策我前进的动力之源，随后经过三年的努力，我终于在工作上取得了一定的成绩。这时，我才对那次失败释然了。但是直到今天，我还会在心中感谢那次失败，感谢上司们在我失败之后对我的态度，那真是一段"不错的经历"。

现在回想起来，我发现总经理和各位高管，早就知道"让部下从失败中学习经验教训"的重要性。

失败是成长的大好机会。但是，对于成员失败，如果领导者处

理不好的话，可能让成员就此沉沦下去。由此，我觉得我是幸运的，遇到了能够以失败为机会，让成员不断成长的好上司。

现在的我，会像我的上司一样，给失败的成员再次站起来的机会。

带团队小贴士：

给失败的队员机会，也是在给自己成为好领导者创造机会。

第七章

好队友是带出来的

对于发牢骚的队员，领导者应该引导他们自己思考当前面对的问题，比如说："那么，你觉得应该怎么处理呢？"或者"请你自己先想一个解决方案，然后说给我听听，我帮你参谋一下。"而对于那些职业经历尚浅但喜欢抱怨的年轻人，领导者可以用一种充满期待的预期引导说："我对你可是充满期望哟，希望你在工作中少发牢骚，多提一些有意义的意见或建议。"

领导者为什么要培养人才

我们经常听到有人说："培养人才也是领导者的工作之一。"

可是，为什么培养人才也是领导者的工作呢？

关于这个问题，可能有多种多样的解释，比如，为了团队、为了工作、作为领导者的义务等。但是我认为，培养人才归根结底是为了领导者自己。

首先，一个团队存在的意义是什么？是领导者带领团队成员共同实现既定的目标。为此，成员的成长是必不可少的。成员的成长，是领导者（团队）实现目标的必要条件（如果，成员不用成长也能实现目标的话，那说明这个目标太低了）。所以，领导者需要培养自己的成员，提升他们的能力。

其次，团队成员的工作能力提高了，领导者自己就“轻松”了。和不断成长的成员一起工作，领导者敢于将各种工作分配下去，领导者自己的负担减轻了，自然就轻松了。再有，看着自己的成员不断成长，难道不是一件愉快的事情吗？

最后，成员可以帮自己分担一部分工作，领导者就有时间和精力投入到更高级的工作中去，或者制订更高级的目标。

以上，就是领导者需要培养人才的原因，我认为，这也是领导工作的真髓所在。

有的时候，在领导者的悉心教导下，成员已经能够独立完成大型的工作。此时，领导者应该进一步丰满他的羽翼，再推他一把，争取让他超过自己的水平。（当自己团队的成员中，有人超越自己的时候，是不是作为领导者也会感到很骄傲呢？）

古时候便有“青出于蓝而胜于蓝”的说法，培养出了高于自己水平的弟子，教师也会感到无上荣耀，这就是“出蓝之誉”。

如果有人赞美您的成员水平高、能力强，其实是在赞美您这个领导者教导有方。

带团队小贴士：

如果队员很能干，领导者也会飞得更高。

区分“牢骚”与“意见”

团队成员经常会找领导者谈心、咨询、请教或者商量事情。在这样的交流过程中，隐藏着教导成员的绝好机会。

成员来找领导者谈心事，其内容可能复杂多样，我简单地（可能过于简单）将它们分成两种，那就是“牢骚”和“意见”。

“牢骚”和“意见”似是而非，表面上看起来有很多相似之处，但仔细分析起来，却有本质的区别。

“牢骚”的缘由来自于过去，而且对未来没有任何建设性。而“意见”则是面向未来的，往往与创造新价值紧密相连。“意见”可能反映出成员“我想变成这样”“我想做……”等心理。

当成员来找领导者表达自己的“意见”时，领导者首先应该对成员的开诚布公表示感谢，然后，要和成员一起思考，帮他们想办法解决问题，或者分析成员身上还存在哪些不足，这些都有助于他们的成长。

另一方面，领导者又该如何对待前来“发牢骚”的成员呢？首先，应该把他们的视线引导向未来。来自成员的抱怨大多类似于“现在的工作让我很辛苦”“前几天您提出的目标，我是无论如何也难以实现的”“我们团队中的××总是跟我唱反调”……

此时，领导者应该引导他们自己思考当前面对的问题，比如说：“那么，你觉得应该怎么处理呢？”或者“请你自己先想一个解决方案，然后说给我听听，我帮你参谋一下。”而对于那些职业经历尚浅但喜欢抱怨的年轻人，领导者可以用一种充满期待的预期引导说：“我对你可是充满期望哟，希望你在工作中少发牢骚，多提一些有意义的意见或建议。”

带团队小贴士：

引导队员把牢骚变成意见和建议，是好领导的专业能力之一。

如果非常不幸，遇到了总是抱怨不停、怎么引导也没有效果的成员，那么花时间听他们抱怨也是浪费。对于这样的人，领导者可以请他们把自己的不平不满落实到书面，以文件的形式正式提出来，结果您会发现，很少有人愿意将自己的牢骚写在纸上提出来。从此，他们爱发牢骚的毛病也就治好了。

好汉不提当年勇

领导者在培养团队成员的时候，很自然地会把自己当年的经验传授给他们。但有的时候，讲述自己的成功经验，往往会被成员认为是“自吹自擂”或者“上了年纪的人就爱说教”。结果，一点儿教育作用都没有发挥出来。

这到底是为什么呢?

原因就出在这所谓的“经验回顾”“陈年往事”上。

在现在的成员眼中，领导者当年的成功经验无非是在过去的特定环境中个人的特殊案例而已。如今，随着时代的变迁，环境已经大为改变，在听者看来，过去的经验已经不适用于现在，活在当下的人不愿照搬前人的经验。

“我年轻的时候，每天都加班到深夜，赶不上末班地铁，只能打车回家”“以前的上司可比现在严格多了，一份报告就能让我修改五次”……

听者的回应也许是：“啊，这么辛苦啊？”表面上看起来是在称赞说者，其实他们心中肯定在想：“工作效率那么低吗？每天都要加班到深夜”“当年是泡沫经济时代，和现在的环境不能比啊。”

不管在闲谈之中，还是工作之中，领导者的“当年之勇”最好不要提出来，对听者和说者都没什么好处。只有当成员对领导者的往事感兴趣，并主动提出的时候，领导者才可以给他们讲述自己当年的经历。

领导者过去的经验不是没有用，而是要以适当的方式传授给团队成员。领导者可以把自己的经验总结成面向未来、有助于行动的至理名言。以文件的形式传授给成员。

这样一来，“老年人的说教”就变成了了不起的“名言集”。对成员来说，这是面向未来、激发斗志的教材，他们的接受度自然很高。

带团队小贴士：

如果自己当年的经验能让队员面向未来、充满斗志，是可以说说的。

不能万事都用自己的价值观考量

任何企业之中，都有一些所谓“精英部门”，被称为“出人头地的捷径”。因为这些部门的职员升迁的概率更大。

“精英部门”在不同的企业中各不相同，有的是“人事部”，有的是“秘书科”，有的是“工会”，有的则是“业务部”。这些部门中的职员，在升职的过程中，有形无形地会受到一些恩惠。

在这样的企业中，领导者在培养得力部下的时候，常会建议他们走“出人头地的捷径”。比如，“接下来你最好调到××部门（前面介绍的精英部门）去工作一段时间”。

在企业人员流动比较缓慢的时代，这样的职业建议可能没什么问题。

但是在如今这个企业人员流动相当快的时代，再以“精英路线”为基础为部下提出职业建议，恐怕就不实用了。

不同的时代，有不同的生存方式。

领导者自己的成功经验，不一定适用于所有的部下。让成员都走自己的老路，也不算真正培育人才。

如果领导者执意如此，那就等于是将自己的价值观强加于人。结果倒是可能培养出一个整齐划一的团队，但是，这个团队的能力绝不会超越领导者一人之力。

我年轻的时候曾经多次跳槽，在不同企业的各种部门都工作过，还经历过公司被其他企业收购。虽不敢说我的职业经历多么有价值，但至少经历的范围比较广，见识得比较多，接触的人也不少。根据我的观察，那些固执于自己的价值观、成功体验，并将其强加给团队的领导者，往往是“诲人不倦”的。

职业生涯是人生的一部分。所以，对职业生涯拥有决定权的，只有当事人自己。任何人不能把自己的价值观强加于人。

带团队小贴士：

要根据队员自己的价值观给出其职业规划的建议。

假如成员对领导者说“我想跳槽”

如今，通过跳槽来获得更好的职业机会，已经成为日本公民的一项基本权利。

因此，如今的领导者，收到部下的“辞职报告”已经不是什么稀罕事。以我个人来说，面对这种情况的时候，基本上会尊重对方的意思。不过，我也曾是跳槽的“老手”，从自己身上以及周围人的身上看到了很多跳槽成功的案例，但另一方面，跳槽失败的案例也同样多。所以，我会从以下角度出发，和有意辞职的部下进行详谈。

如果对方辞职的理由是“想要创业”“参加政治选举”“出国留学”等为了实现个人梦想，那么，不管他的工作能力多么出色，业绩多么辉煌，我也不会挽留他。相反，还会鼓励他出去闯一闯。领导者和团队成员的关系，只不过是暂时的同事关系，领导者没有妨碍成员实现个人梦想的资格。

如果对方的工作能力较差，长期以来工作业绩都不佳，那么我也鼓励他跳槽。也许现在的企业不太适合他。我遇到过不少这样的人，虽然现在业绩不佳，但跳槽到新公司后，却异常活跃，取得了不小的成就。

如果申请辞职者不在上述两种情况之列的话，那么领导者就要慎重对待了。特别是职业经历尚浅的年轻人，他们很可能是因为一时的不平不满，也没做长期的考虑，就在金钱的诱惑下选择跳槽到薪水更高的企业中去。

如果领导者怀疑手下成员辞职是出于一时冲动，那么首先应该向对方确认以下三点。如果对方无法明确回答这三个问题的时候，很可能说明他正处于迷茫之中，领导者应该将他挽留下来。这三个问题分别是：

如果我们公司已经内定你为重点培养对象，你还会跳槽到那家公司吗？

那家公司吸引你的，而我们公司没有的东西，是什么？

家里人对你的跳槽决定表示支持吗？

想要在事业上有所作为的年轻人，很容易受到周围朋友的成功经验的影响。但是根据我的经验，年轻人的很多所谓成功经验，大多都是暂时的，尚需时日考验。如果受到别人一时成功的诱惑，就选择跳槽的话，多少有些鲁莽。

在团队成员冲动、动摇、被诱惑时保护他们，是一个领导者的重要责任。

但是，如果成员去意已决，不管他属于哪种情况，领导者都别忘了说一句：**“什么时候想回来，我们随时欢迎你！”**

带团队小贴士：

对不同的辞职者，和他们沟通的内容是不同的。

不积跬步无以至千里，每天都要有所成长，哪怕只有1%

GE（通用电气公司）的著名CEO杰克·韦尔奇曾主张设定“张力目标”（stretch goal，即通过较大努力才能实现的目标），结果带领企业取得飞跃式的发展。可以说，韦尔奇在企业经营的历史上留下了浓墨重彩的一笔。如今，虽然他退休已有十多年的时间，但仍然是一位受人敬仰的神一样的经营者。

根据韦尔奇的主张，不要为提高5%、10%下功夫，而是首先确立一个增长5倍、10倍的目标，为了实现这样飞跃式的目标，就必须想出前无古人的崭新创意才行。

这样，人的能力也随之得到飞跃式的提升。

但是，如果采用韦尔奇的方法，我想大部分人都难以承受住如此大的压力，肯定会有人中途崩溃。

每天一点点的进步，一点点的创新，逐渐地改变视角，才能带来持续性的进步。

据《日本最值得投资的公司》（镰田恭幸著）一书中介绍，日本宠物保险业界的先锋企业——ANICOM公司，在每天早晨的例会上，职员们都会齐声高呼：“1.01变成1.22，1.22变成10.89。”

其中的含义是，一天增长1%（即1.01倍），持续一个月，按每月20个工作日计算，那么一个月就增长了约20%（变成基数的1.22倍）。持续12个月的话，就是基数的10.89倍。

今天争取比昨天增长1%，看似这个增长微乎其微，但若持续努力一年的话，就取得了10倍的惊人增长。

这种“积跬步至千里”的成长方式，不会给人带来太大的压力，只要昨天比前天、今天比昨天、明天比今天都进步那么一点点，坚持下来可就不得了了，一段时间过后，进步绝对是惊人的。

而且实际上，这是领导者将团队成员培养成才的最佳捷径。

带团队小贴士：

队员每天进步的一点点，都是至关重要的。

领导者自己也要不断学习

尽然培养人才是领导者的工作之一，但是，领导者自身的成长也必不可少。领导者应该与自己的团队成员共同进步，甚至应该以高于成员的速度学习，提升自己的水平。学习，第一是为了提升领导者自身的能力，这样做的好处显而易见，可以让领导者更好地率领团队前进。但这并不是全部好处，领导者自己身先士卒地学习，在劝说成员学习的时候就更有说服力。

我曾经听说过一家公司总经理劝部下学习的案例。这家公司的高层管理人员制作PPT的水平都不怎么样，于是，在一次高层会议上，总经理对这些高管说了如下一番话：

“这一年来，你们都花了多少时间学习PPT软件？大家都说说看。”结果，在座的没有一个人开腔。看来他们都没有花时间学习PPT。

总经理接着说：“我每年会专门抽出10个小时来集中学习PPT软件的使用和编辑，因为用PPT文件作展示，是一个领导者的重要工作。”

责任重大、每天忙得团团转的总经理这么一说，在座的高管无不低下头来自叹不如。

这个案例告诉我们一个信息，就连总经理都要认真学习，那么下面的管理人员当然也应该学习。再有，我们还能感受到总经理所说的那番话具有很强的**说服力**。总经理的这一番发言，意思是让在座的高管意识到不断学习、自我提高的重要性。另外，这个故事都能传到我这个外人的耳朵里，那当然也在他们公司里传开了。中下层的领导者以及普通职员，都会受到鼓舞。

事实上，那家公司后来确实成为了一家学习能力极强的企业。

我认为，作为一名领导者，不管多忙也要抽出时间来学习，提高自己。

只有认识到坚持学习、自我提高的重要性，并将其付诸实践，真正提高自己的领导者，才能对团队成员的成长形成强而有力的影响，自然，也给自己增添几分说服力。

带团队小贴士：

一个不断学习的领导者，是充满魅力和影响力的。

培养继任领导者

领导者不仅要培养团队的成员，帮助他们成长，还要在其中培养自己的后继者。

作为一名领导者，如果您确定自己将永远做当前的这个工作，不会改变的话，那当然没有培养后继者的必要。但是，除了创业时就担任总经理的人之外，在一个企业里，一直在一个岗位上做不变的工作，是不太现实的。另外，只有培养出能够替代自己的后继者，自己才有可能去挑战更高级的工作。

也就是说，培养后继者，也是一个领导者在职业生涯中向前进步的重要一步。

领导者的工作能力是后天锻炼出来的，因此，在寻找下任领导者候选人的时候，只要成员学习热情高、工作业绩好就足够了。至于他的天赋如何、适不适合当领导者，这些都没有必要过多考虑。

选定候选人之后，领导者应该将其留在自己身边，让他近距离观察自己的工作态度、方式方法等，给他学习的机会。这是培养后继领导者的近路。在一些大企业中，就有培养后继领导者的不成文规定，比如让选定的年轻人当总经理的助理，即所谓的“拎包者”。实际上这是给他们学习领导能力、领导方法的机会。不管是成功案例还是失败教训，都让他们亲眼目睹，让他们亲身体验领导者交流沟通、做决策的过程，这是最好的学习方式。

我就曾给高层领导者当过助理，当时，我的那位领导不仅言传身教，还带我接触其他很多领导者，从他们身上我也学到很多知识。我切身体会到，这是一种非常有效的培养后继者的体制。如今我站到了领导者的岗位上，同样也开始选择、培养后继者。在我做决策的时候，我会把自己掌握的所有信息与他们共享，让他们旁观我做决策的整个过程。而当我为做决策犯愁的时候，也会找他们商量，请他们帮我出谋划策。

在亲身参与的过程中，候选人能够充分发挥主观能动性，通过现场学习，掌握很多领导技能。日后，真正当上领导者之时，他们才会很快上手。

带团队小贴士：

培养了后继人，你才有机会再进一步。

让成员穿领导者的鞋子

前文提到过，我曾经给领导者当过助理，我跟随的那位领导者是一个日语说得非常流利的外国人。

在和他一起工作的时候，他经常用日语对我说：“穿上我的鞋，你再想想该怎么做。”有时甚至一言不发，直接把他的大鞋脱下来，“嘣”的一声甩在我的面前。

实际上，“穿我的鞋”这句话来源于英语谚语：“If you were in my shoes,what would you do?”（站在我的立场，你会怎么做？）只不过，那位外国领导者用日语表达了出来。

“如果你是领导者，你该怎么办？”让成员站在领导者的立场考虑问题，这无疑提高了成员看问题的角度。在一个团队中，这样的成员越多，团队整体的工作质量就越高。

以前，我曾经和一个刚进入公司的新人谈话，他的一番话让我印象深刻。他说："我参加咱们公司新人培训的时候，因为要培养大家的团队合作精神，需要组成团队。我很想当团队的领导者，但很遗憾没有当上，但我并不气馁。为了能让领导者更加轻松地领导团队，我帮他做了不少工作，我想这是对整个团队的贡献。我认为，这也是一种领导能力的体现。"

尽管他还是一个初出茅庐的新人，但却能"穿着领导者的鞋子想问题"，真是很了不起，让我非常佩服。

在美国陆军中，也会从新兵的时候起对士兵彻底灌输换位思考的观念。当部队全部熄灯休息之后，会有士兵站岗放哨。哨兵会被告知，部队的一切都是政府的财产，哨兵要对此负全部责任，而且，此时哨兵应该扮演整个部队的最高负责人。由此也可以看出，领导能力这种东西，和年龄与职业资历无关，是可以锻炼出来的。

带团队小贴士：

让队员站在领导者的角度看问题，他的感受是大不一样的。

永远都认为自己“听别人指挥”的人，在工作中就难以体现主人翁意识。他们遇到问题就逃避，比如说：“这不是我分内的工作，我不清楚”；一有不如意就抱怨，比如：“上司都不让我做……”如果团队中都是这样的成员，恐怕往前走一步也很难。

领导者应该要求成员“穿上我的鞋去思考”，来提高他们的视角，发挥他们的主观能动性。

不可“垂帘听政”

古语说得好，“不在其位不谋其政。”但企业中的一些领导者，本来已经正式退出领导岗位，却依然掌握实权，在幕后指手画脚，这就好比“垂帘听政”。

长期执掌企业的顶层领导者容易犯这样的错误，退休之后还参与企业的经营管理。但实际上，除了顶层管理者之外，还有很多“垂帘听政”的人，也有很多想“垂帘听政”的人。

比如说，一个团队的领导者，因为组织安排或工作调动，离开了团队，但他还会经常回去对以前的团队指手画脚，这就有“垂帘听政”的嫌疑。而且，越是在工作上有自己一套的人，越是对团队心思很重的人，越有这种倾向。（当然，他们的这种行为也许只是出于单纯的对昔日团队的难舍感情，但这样做却是对团队发展的一种阻碍。）

已经离去的老领导者经常回去指手画脚的话，会让团队成员与新领导者之间有隔阂，从而妨碍团队的顺利前进。

实际上，我以前就曾有过“垂帘听政”的经历，也曾被老领导者“垂帘听政”地指挥过，所以能够切身体会到其中的坏处。后来，我时刻提醒自己，“不在其位不谋其政”。

相处多年的团队，在领导者心中就像“亲生儿子”一样，非常疼爱，所以一旦离开，心中难免会担忧其未来的发展，或者扼腕叹息：“之前我花费了那么多心血带出来的团队，如今一切都打了水漂。”这种心情我是非常理解的。

但是我们也应该相信，后继的领导者也绝非无能之辈，他们有他们自己的方法，一定能把团队带向更加美好的明天。而老领导者还经常回去指手画脚的话，无异于给新领导者的权威泼冷水，对团队的发展绝对没有好处。

带团队小贴士：

如果已经离开原来的职位，就不要去指手画脚了。

退役的老兵就不应该再出现在战场上。此时，老兵应该考虑的是，做些什么才能让年轻的战士尽早在战场上展现出他们英勇的身姿。

在位的时候好好干，退位就要退得彻底，即使团队成员邀请我们出谋划策，我们也应该尽量少说话。这是做一名优秀领导者铁一般的原则。

第八章

好的领导者，最先做的应该是放松心情

成员来找领导者商量事情的时候，一开始大多会说一句：“百忙之中打扰您，真不好意思。”这虽然是一句客套话，但大多也是实情，对此，我建议领导者用“没事，我一点儿也不忙”来回应。

不可思议的是，装出一副很清闲的样子之后，实际上不管心情还是时间，真会变得游刃有余。

始终保持愉快的心情

对于领导者来说，整理好自己的情绪（内心）是一个很重要的课题。

我曾留心观察过很多大企业的顶级领导者，结果发现他们每一个人都是心胸开阔、开朗乐观的人。不管在人前还是人后，他们始终能够面带微笑，让自己保持愉快的心情。那些整天一脸阴郁的人，即使因工作时间长，凭资历走上了领导岗位，恐怕也没有人在心里承认他的领导地位。因为没有人愿意跟一个浑身散发负能量的人一起工作，甚至都不想跟他们搭话。

心情愉快的领导者，人才和情报自然会向他靠拢。

领导者的状态，会感染整个团队。

领导者用不愉快的态度与团队成员交流，成员会不知不觉地模仿这种态度。一传十，十传百，整个团队变成了一个不愉快的团队。恐怕没有哪个客户愿意和一个不愉快的团队做生意，结果，团队的业绩自然会下降。

领导者是人不是神，当然也会在工作中承受巨大的压力，再加上身体状况、私人生活上的问题，导致心情不愉快的因素很多很多。但是，既然是领导者，鉴于自己影响着很多人，所以装也要装出开心的样子来。

装开心实际上是有现实意义的，装开心的过程是一个心理暗示过程，渐渐地，人真的会开心起来。

人的行为和心理是统一的。

有意识地将阴郁的表情变成笑容，有意识地说一些积极、开心的话，仅仅如此，自己的心情就会有所转变，留给别人的印象也会大不相同。

如果这样做还是难以扭转郁闷心情的话，可以对自己的团队成员直说："对不起各位，今天我的心情不太好。"这样的表白，首先可以释放自己心中的压力，其次也可以赢得周围人的理解，气氛就会缓和下来。

带团队小贴士：

有意识地做出开心的样子、说积极的话，就会真的积极起来。

不可唉声叹气

人内心的紧张因素表现出来的话，主要体现在三个不经意的行为上。即“唉声叹气”“咂嘴”和“自言自语”。难以达成一致意见的谈判、客户打来的投诉电话、上司下达了“不可能完成的任务”等，遇到这些麻烦的时候，人总会不经意间“唉”地叹一口气，或小声自言自语道：“真糟糕！”“没办法啊……”

虽然大家都知道这样不好，但这不经意的行为总是难以防备。

要说唉声叹气能给周围的人带来什么样的影响，那自然不是什么愉快的情绪。如果领导者经常唉声叹气的话，团队成员就会终日陷入不安之中。

成员也许会想：“我们领导不能控制自己的感情吗？”“公

司里发生了什么不祥之事吗？”“领导愁眉苦脸的这是针对我吗？”……提到叹气的负面作用，让我想起了2000年美国总统大选的一段趣闻。当时两位总统候选人阿尔·戈尔与乔治·W. 布什举行电视辩论会，在布什发言的过程中，戈尔曾经几度叹气。没想到这个微小的动作却给他的竞选带来了极其不利的影响。不管辩论的内容如何，选民们因戈尔的叹息对他产生了不良的印象。

虽然总统的执政能力与叹气没有什么直接关系，但选民可能就会产生质疑：“唉声叹气的人能把我们国家治理好吗？”

团队成员对领导者行为的在意程度，远远超出领导者自己的想象。

除了前面我列举的三大负能量行为之外，**阴暗的表情、焦虑的态度和没底气的发言，也是领导者应该极力避免的。**

当注意到自己想要叹气的时候，我们要有意识地把它变成一个深呼吸。不可思议的是，深呼吸能帮我们打消消极的想法，还能让周围的人都安下心来。

一个不经意的小动作，若不注意，就可能成为夺走总统宝座的凶手；若稍加注意，也可能成为我们稳定军心的武器。

带团队小贴士：

千万不要唉声叹气，那会引起队员的不安。

总是保持游刃有余的状态

嘴里总是说“我很忙”的人，永远不可能得到好的工作机会。因为说自己忙，等于自己拒绝了新的工作机会。

领导者的一个重要工作就是“谈话”，因为团队成员会有各种各样的事情来找领导者咨询、商议。为了营造一个轻松谈话的氛围，领导者再忙也要装出很清闲的样子。

成员来找领导者商量事情的时候，一开始大多会说一句：“百忙之中打扰您，真不好意思。”这虽然是一句客套话，但大多也是实情，对此，我建议领导者用“没事，我一点儿也不忙”来回应。

好久不见的两个人见面打招呼时常会问：“最近怎么样？”当您想回答“最近很忙”的时候，最好先把这话咽回去，转而笑着回答：“挺闲的。”

我周围就有一些人，明明很忙，但却总说："我一点儿也不忙。"当有人来找他们商量事情的时候，即使工作被打断，他们也会耐心地倾听对方的话，脸上没有一点儿不悦或着急的表情。

不可思议的是，装出一副很清闲的样子之后，实际上不管心情还是时间，真会变得游刃有余。

因为装出一副清闲的样子之后，与之前"忙死了！忙死了！"的状态相比，看事物的角度不同了，视野也变开阔了。虽然没有科学根据，但我觉得这可能是一种自我催眠的作用。

如果领导者的口头禅是"我很忙"的话，那么，成员就会感到十倍于领导者的紧张。我想，没有比在团队内制造不安、紧张气氛更傻的事情了。

也许有的领导者会担心："如果我装出一副很清闲的样子，成员真的觉得我很清闲怎么办？"关于这个问题，您大可放心。根据我的经验，真正清闲的领导者，是绝对不会说自己清闲的。（因为真的很清闲的话，他的职位就可能保不住了。）

实际上很忙，却总是保持游刃有余状态的领导者，才会有人愿意跟随在他身边工作。

带团队小贴士：

告诉自己"我很清闲"，就真会变得游刃有余了。

新官上任，火不要太猛

刚被任命为团队领导者的时候，很多人心中都充满了无比的自豪感，对未来抱有无限的期望，工作热情更是一下子爆棚。

接下来，他们会马不停蹄地在团队中发表自己的未来愿景，找所有成员一一面谈，举办庆祝宴会等。可谓新官上任三把火，全力以赴向前冲。

但是，**这样的朋友我想请您踩一脚刹车。请您先仔细想一下，这样的步调能持续多久？成员能跟得上您的步调吗？**

拿打棒球来说，比赛一开始就拿出全力去拼的，恐怕只限于高中棒球赛中的业余选手。在职业棒球比赛中，选手们要考虑到整个赛季乃至以后多个赛季自己的发挥情况，会合理地分配自己的体力，不会一上来就猛攻猛打。

在职场上也是如此，身边每一个人都是冷静的专业人士。当他们看到一个热情满怀、干劲儿十足、奋勇向前的新任领导者时，做出的反应多半会是：“有点儿过头了吧！”“看他的热情能持续多久。”而且，他们肯定从这个时候起，就已经开始做准备，以便应对新任领导者减速之后所带来的一系列问题。

大张旗鼓地高歌猛进不是长久之道，一旦减速下来就会非常难堪。

工作热情高涨，不是坏事。没有热情是难以成功的。但是，大家结成一个团队一起工作的目的是什么呢？不是为了满足团队领导者的虚荣心或释放他一个人的热情，而是实现大家共同的目标。

领导者必须考虑，当前的热情、态势对实现目标是否有好处？一年之后，我还能保持现在的热情吗？

想通了这些问题，作为领导者，您也许就会明白，工作应该是细水长流，起步之时要慢慢来。

带团队小贴士：

没有激情是不好的，新官上任的火烧得太猛也是不好的。

不要太追求完美

从您被任命为团队领导者的那一瞬间开始，您的身边就立刻出现了很多辛辣的评论家，他们的名字就是“团队成员”。

从“他到底有什么本事”“听说他在以前的岗位上……”到“我觉得他和前任领导相比……”，接受成员们的评头论足，似乎是新领导者的第一节必修课。

此时，有些领导者会对成员们的评论较真儿，甚至一一做出回应。但我觉得，对于其中的一些杂音，根本没有必要放在心上。

一个团队的领导者，肩负的唯一责任就是带领团队实现目标。

如果太在乎别人的评价，把过多的精力花在提升自身形象获取别人好评上面，那就是本末倒置了。

本来，领导者也不可能是完美无缺的人。大家都是人，不是神，但即便如此，也有人可以当上大企业的顶层领导者。

我们再来看看那些功成名就的领导者，哪个人身上都有一些缺点。

据说尤利乌斯·恺撒“秃头而且好色”，他还欠了很大一笔债务；而织田信长留给后世的印象是残忍而暴戾。但以上两个人也有共同点，他们都在部下心中埋下了仇恨的种子，最终被暗杀。

但尽管如此，他们都建立了丰功伟绩，在历史上留下了浓墨重彩的一笔。

如果一个领导者过分在意团队成员的眼光，盲目地为了所谓的完美领导者形象而努力的话，就容易忘记原本的目的，还会形成心理疾病。

领导者的心态要放松下来，有时还要有点儿阿Q精神，相信“缺点也是个性”，理解完美这种东西是根本不存在的，进而把精力全部放在带领团队实现目标的努力上。

带团队小贴士：

自己尽量做好，但也不要太在意别人的评价。

不要不懂装懂

现在是信息爆炸的时代，信息量大得远远超过了我们的处理能力，所以，要做到“无所不知”是不可能的。所以，不懂、不知道，也没有什么可羞耻的。

尽管如此，有些领导者出于面子，在和成员谈话的过程中遇到不懂的问题、不知道的事也会装出一副“很内行”的样子。其实这是完全没有必要的。

因此，即使谈话的对方是资历尚浅的新人，即使提问有遭人耻笑的可能，但遇到不懂的问题时，也不能装懂，而应该马上问清楚。

特别是第一次见面的人，因为彼此不了解对方的水平，谈话一开始往往会相互试探地谈一些比较浅显的问题。如果我们频频点头表示能够理解，对方才会逐渐加深话题的难度。此时，如果我们能理解，就做出相应的反应让对方继续谈下去。如果我们听不懂，就要及时提出问题，对方解释清楚后，谈话才能顺利进行下去。

如果我们不懂装懂的话，对方的话题会进一步深入，其实再谈下去也是浪费时间。而且，我们不懂装懂的态度迟早会被拆穿，到时对方就会认为我们是“虚荣、爱面子的人”“不耿直的人”，结果使我们作为领导者的威望一落千丈。

不懂的地方就问一句：“这个，是什么意思？”也许会招致别人的嘲笑：“他连这个也不知道啊！”“他的理解能力这么差啊！”……

但是，有句俗语说得好，“求教是一时之耻，不问是一生之羞”。而且，根据我的经验，那些不耻下问的领导者，不仅不会蒙一时羞，反而还能赢得团队成员的好感。因为现在不懂装懂的人太多了，遇到一个敢于向部下请教的领导者，大家自然觉得他不虚荣、很直爽。

当别人向我们虚心请教的时候，我们都会感觉很开心。所以，我们虚心向别人请教，他们也会很开心。

没有哪个团队成员会抱怨自己的领导者的知识量太少。所以，领导者遇到不知道的事情、不能理解的地方，大胆地向他们请教就是了。

毕竟，发挥领导能力的关键不在于知识量的多少。

带团队小贴士：

不懂时候能请教队员，得到的评价会是不虚荣、直爽。

领导者要学会忍受“孤独”

“领导者是孤独的”，我第一次见到这句话大约在10年前，出自首相官邸发行的《小泉内阁邮件杂志》。

意思是说“作为一个国家的首相是孤独的，虽然有很多智囊可以商量对策，但最终做决定的还是首相自己。但是，首相很重视自己一个人独处的时间”。可见，小泉首相对于“孤独”怀有肯定性的感悟。

当时我还不太理解，心想：“领导者前呼后拥的，怎么可能孤独？”**但当我实际当了领导者之后才切身感受到，领导者确实很孤独**。而且，接受这份孤独，把孤独当作自己的朋友，还需要很长时间的修行。

虽说当了领导者，但自己的上面还有上司。所以，我必须代表整个团队接受来自上司的压力，还要承受其他团队、成员、客户的刁难。

可是，能够理解我的处境的人，几乎没有。人们不但不能理解，还会给我出很多难题，说：“你是领导者，这些问题就该由你来解决。”结果，我难免在心里感叹：“唉！都没有人能理解我。”可是，心中的怨气还不能在成员面前表露出来。

此时，我已经想通，作为领导者想获得别人的理解是很困难的一件事情。于是，接受了领导者注定孤独的命运，开始能够淡然面对了。

也就在这个时候，能够理解我的成员出现了。

当我接受领导者的孤独之后，团队之中竟然不断出现理解我、帮助我，甚至帮我辩解的成员。我感觉这简直是奇迹降临。

当我与团队成员之间建立起牢固的信任关系之后，我可以把心声倾诉给他们听，他们也可以分担我的孤独，从此，孤独的领导者不再孤独。

带团队小贴士：

接受孤独是领导者摆脱孤独的最好方法。

找合适的人倾吐心声

领导者注定孤独，但正因为孤独，才更需要倾听心声的人。

当然，最终的决定必须由领导者做出，并且为这个决定负起责任。不过，在做决策的过程中，可以找人商量，听取前辈或专家的意见。

这个时候，找那些在工作上与自己没有交集的第三者进行商量，可以得到客观的意见。以前曾经一起工作，但现在工作上没有利害关系的人，是倾吐心声的好对象。因为以前的交往，他们了解我们，又因为没有利害关系，他们的意见会比较客观。

另外，在自己身边工作的人，如果没有直接利害关系，又相互信赖，也可以找他们商量工作上的事情。

他们能够根据现实情况为我们提供比较客观的意见，或者帮我们查漏补缺，指出我们没有看到的问题、漏洞，再或者为我们提供一些新的思路或创意。

不过，当前与自己存在利害关系的人，尤其是自己团队的成员，在和他们商量工作上的事情时，要特别注意。因为这些人受您的领导，多多少少会在意您的脸色。

如果向这些人寻求客观意见，大多会得到“您的想法很好啊”“您已经很努力了”之类的肯定意见，而且，其中很多都不是真心话。如果只能听到肯定的、赞美的话，那么领导者岂不成了寓言故事《皇帝的新装》中的皇帝了吗?

即使这些肯定的意见能够暂时缓解领导者心中的烦恼，但对解决问题并没有实质性的贡献（甚至掩盖了问题的本质，使问题变得更大）。

正因为领导者是孤独的，所以，能够尽量多地找到可以倾吐心声的可靠对象，也是衡量领导者能力的一个重要尺度。

带团队小贴士：

在身边工作，没有直接利益关系，又值得信赖的人，适合倾吐心声。

领导者应该客观认识自己的影响力

作为一个团队的领导者，应该能够客观认识自己的影响力，要时刻注意自己的言行和发送的电子邮件的内容。

一个领导者，能力越强，在工作上越活跃，他的影响力就越大。这个力量对别人思想、行为的影响，甚至远远超出领导者自己的想象。而且，有的时候领导者的言行还会被人曲解。

根据我的经验，一个人走上领导岗位之后，即使他的言行和以前没有任何不同，也会遭到别人的非议，比如“当了领导之后，他整个人都变了”“他已经开始挥舞权力的大棒了”。这些指责，也许领导者自己根本就没想过。

此时，领导者才吃惊地发现，以前自己最为痛恨的“滥用权力”，竟然距离自己这么近。

这些都说明，自己当了领导者之后，周围的人开始透过有色眼镜看自己了。

举个简单的例子，开会的时候，假如作为领导者的您不经意地对会议资料发表意见说：“这份资料如果再详细一点儿就好了。”会议结束后，肯定会有人去对制作资料的人说：“喂，开会的时候领导对你制作的资料很不满意。”结果，让制作资料的人备受打击。

再有，领导者发电子邮件的时候，也要注意。因为您署名的这封邮件，有可能让团队的所有人都看到。所以，如果邮件内容有一定保密性的话，应该在邮件中提醒收件人注意保密，不得随意转发。电子邮件可以保存，因此具有“证据”的作用，所以编写邮件时，应该十分谨慎。如果在工作邮件中发了一些轻松的玩笑话，就有可能被看到的成员曲解，甚至被别有用心之人加以利用。

领导者的影响力是一把双刃剑，使用得当的话，可以成为团队前进的强大动力。还以前面讲过的会议资料为例，如果领导者在会议上说一句：“这个资料做得不错，很浅显易懂嘛。”就会给制作资料的人带来极大的鼓励。

一个领导者，最基本的任务是带领团队实现既定目标，为此，领导者应该灵活、有效地运用手中的权力，但同时，也要客观认识到自己的影响力，并在考虑周围人感受的前提下，让这个影响力充分发挥正面作用。

带团队小贴士：

领导者的权力应该灵活运用，不给人留下滥用权力的印象。

对于诽谤中伤，不能以牙还牙

众人对于一个领导者的评价，有时其中也会掺杂一些带有人身攻击性质的诽谤中伤。

一个团队的既定目标越大、愿景越宏伟，实现目标、愿景的难度越高，团队领导者受到的非难就会越多。因为在同一个公司中，团队周围有太多安于现状的人，也有太多既得利益者，为了保护自己的利益，他们不喜欢改革、创新，甚至还会尽全力阻止改革的进行。

对于别人提出的反对意见，领导者应该给予对方充分的辩解自由，双方应该在讨论的基础上共同推进团队朝着更好的方向发展。

不过，在前面的章节中已经讲过，是否具有面向未来的精神、是否具有变革意识，是“意见”和“牢骚”的本质区别。

对于意见，领导者有义务听取，并研究其可行性。

但是，遇到别人发牢骚，或者诽谤中伤的时候，领导者该怎么办呢？

比如，在公司电梯中，被反对自己的势力包围，并受到言语威胁；被不认识的高层领导者斥责；接到匿名威胁电话、传真、信函、电子邮件……此时，领导者该如何应对呢？

对于有用的意见，领导者应该听取，即使是批评自己的意见，也是帮助自己，自己有错就得改。但诽谤中伤不同，它的一个明显特征就是对于事态的改善，没有任何好处。

我最初走上领导岗位的时候，对于恶意的诽谤中伤感到非常苦恼。内心备受煎熬，结果导致身体出了问题，工作质量也大为下降。后来我想通了，自己这样不正中了诽谤中伤者的下怀吗？于是，我开始思考应对的办法。

根据我的经验，处理恶意的诽谤中伤基本上有两种选择。

第一，无视，完全不放在心上；第二，如果对方的诽谤中伤超出了法律的限度，就要拿起法律的武器来维护自己的尊严，应该咨询律师具体的处理方法。

总而言之，领导者没有必要把时间和心思花在无聊的杂事上。

带团队小贴士：

对意见有选择地听取，对诽谤理性地对待。

始终坚信“性善说”

在本书的最后，我想告诉大家一点，领导者在与团队成员交往的时候，要始终坚信“性善说”。

“性恶说”认为“人天生是懒惰的”“不加监管的话，人就会干坏事”。从“性恶说”的角度出发，领导者应该随时对团队成员进行监督、管理。换句话说，成员要时刻处于领导者那怀疑、监视的目光之下。

试想一下，在这样的环境中，成员心中能产生奋力向前的欲念吗？他们能够顺利地成长、干出业绩、实现目标吗？

我可以肯定地告诉您答案，不可能！

领导者发挥领导能力有一个前提，就是要从头至尾相信自己的成员。

当然，在现实中，信任的结果有可能让领导者变成“堂·吉诃德”。我全心信任自己的成员，但有时也感到他们背叛了我。

可是尽管如此，我还是认为，我应该继续信任他们。

这样一来，大部分背叛我的人看到我的态度，感受到我的内心，便又回心转意，死心塌地地跟在我身边，为团队而努力。

一个优秀的团队，就是由各种各样的信任关系构筑而成的。

说到底，工作的本质就是人与人的交往。

而一切工作，都始于“坚信性善说，构筑信任关系”。

带团队小贴士：

把队员想象得越善良，他就越上进。

后 记

我一直认为，那些以“上司”“前辈”等名义制造“等级特权”的公司，基本上距离大限之日已经不远了。

可以说，等级特权，是一个公司效率低下的根源。

“这是上司的命令”“前辈都是这么做的”……诸如此类毫无根据、挥舞等级特权大棒的言行，只会令人停止思考、逃避责任、讨厌创新。而且，还会赶走有能力的人才，最终使公司走向倒闭的深渊。

通俗地讲，这就是以大压小、欺负人。

故此，在这本书中，我不用“上司”这个词而用“领导者”，不用“命令”而用“委派”。我以“性善说”为前提，讲述了如何在团队之中建立相互信任、彼此期待的和谐关系。希望这本书能够对企业、组织构筑面向未来的团队关系，提供一点儿灵感。

非常幸运，我的处女作，也就是前一本书《选择的力量：人生只要做对1%的事》在日本销售了37万册，成了畅销书。因为那本书的主要读者群是白领朋友，所以，我有幸接触到了很多企业中的精英。

结果，我从这些白领朋友口中听到："我很想实践您这本书中讲述的工作方法，可是一想到我们上司的那张脸，我就退缩了……"

于是我就在想，怎么这么多人一谈"上司"脸就变色？这样的"上司"到底是什么样的人？部下做出改变现状的努力，对上司来说也应该是好事啊，可为什么他们还横加阻拦呢？

请身处领导岗位的读者朋友想一想，您是不是这种阻碍部下进步、阻碍公司发展的"上司"呢？

其实，我认为当一个优秀的领导者并不难，只要掌握一些"技巧"，就能成为不拖公司后腿的"上司"，成为和成员共同成长的领导者。具体的技巧，相信您已经在读书的过程中领会到了。

最后，请允许我对支持、鼓励我撰写这本书的朋友们说几句感谢的话。

各位亲爱的读者朋友，以及将这本书送到读者手中的编辑、策划、书店销售员朋友们，我要对你们衷心地说一句谢谢！因为在你们的帮助下，我的前一部作品取得了一定的成功，这使我的视野一下子开阔了很多，也给我的思路带来了很多新鲜的刺激。我还要向那些在工作中一直给我照顾，让我“为所欲为”的同事们，表示由衷的感谢！再有，活跃在各自舞台上的恩师、同窗、朋友们，也都在人生路上给了我巨大的支持和帮助，我也要对你们说一声感谢！

“改变视角，改变明天”是Discover 21出版社干场弓子社长的座右铭，也是我非常喜欢的一句话。在此，我要向干场社长以及出版社全体工作人员送上诚挚的感谢！尤其是负责编辑此书的石塚理惠女士，为此书的出版付出了很多心血，我的心情只能用“大恩不言谢”来表达。

最后，我要感谢我的家人！和家人每天面对面，但我却没有勇气向他们表达我的谢意，现在，正好借这最后的一点儿篇幅，我要对我的家人真诚地说一句：“谢谢你们！你们辛苦了！”明天，我就会回来，和你们继续过普通而温馨的生活……

主要参考资料

《领导者心得》

《我们的上司后藤田正晴——决策的悲观主义者》

《哈佛流派领导能力讲座03——经理进修与领导者教育的差异》

《企业变革力》

《君主论——在商业中掌握人心的150个智慧》

《服务型领导者入门》

《宇宙兄弟第十八卷》

《谁说大象不能跳舞》

《日本最值得投资的公司》

《领导与管理的差别》（见《哈佛商业评论》2011年9月号【新译】）